LECTURAS ELI JÓVENE

MW00717091

Las Lecturas ELI son una completa
gama de publicaciones para lectores
de todas las edades, que van desde
apasionantes historias actuales a los
emocionantes clásicos de siempre.
Están divididas en tres colecciones:
Lecturas ELI Infantiles y Juveniles,
Lecturas ELI Adolescentes y Lecturas
ELI Jóvenes y Adultos. Además de
contar con un extraordinario esmero
editorial, son un sencillo instrumento
didáctico cuyo uso se entiende de forma
inmediata. Sus llamativas y artísticas
ilustraciones atraerán la atención de los
lectores y les acompañarán mientras
disfrutan leyendo.

Miguel de Unamuno

Niebla

Reducción lingüística, actividades y reportajes
de David Tarradas Agea
Ilustraciones de Valerio Vidali

LECTURAS ELI JÓVENES Y ADULTOS

Niebla
Miguel de Unamuno
Reducción lingüística, actividades y reportajes de David Tarradas Agea
Control lingüístico y editorial de Adriana Consolo
Ilustraciones de Valerio Vidali

Lecturas ELI

Ideación de la colección y coordinación editorial
Paola Accattoli, Grazia Ancillani, Daniele Garbuglia (Director artístico)

Proyecto gráfico
Sergio Elisei

Compaginación
Gianluca Rocchetti

Director de producción
Francesco Capitano

Créditos fotográficos
Corbis, Getty Images

Fuente utilizada 11,5/ 15 puntos Monotipo Dante

© 2011 ELI s.r.l.
P.O. Box 6
62019 Recanati MC
Italia

T +39 071750701
F +39 071977851

info@elionline.com
www.elionline.com

Impreso en Italia por Tecnostampa Recanati – ERA 405.01
ISBN 978-88-536-0664-8

Primera edición Febrero 2011

www.elireaders.com

Sumario

Augusto Pérez

Eugenia Domingo del Arco

Orfeo

Rosario

Miguel
de Unamuno

Víctor

La obra

1 **Contesta marcando (✓) la opción correcta.**

1 Unamuno escribe *Niebla* en 1907, a los 43 años, pero la obra no se publica hasta 1914. ¿Qué tipo de gobierno hay en España en esta época?
  A ☐ una república
  B ☐ una anarquía
  C ☐ una monarquía
  D ☐ una dictadura

2 La Primera Guerra Mundial estalla el mismo año de la publicación de *Niebla*.
¿Cuál será la posición de España ante el conflicto?
  A ☐ del lado de las Potencias Centrales
     (imperios austrohúngaro, alemán y otomano)
  B ☐ del lado de los Aliados (Francia, el Reino Unido, etc.)
  C ☐ una posición neutral
  D ☐ otro..............................

3 Miguel de Unamuno pertenece a la llamada Generación del 98. ¿Qué acontecimiento tiene lugar en el año 1898 que marca a toda una generación de artistas?
  A ☐ la abdicación del rey y la instauración de la República
  B ☐ un atentado anarquista provoca la muerte de miles de personas
  C ☐ una serie de terremotos y catástrofes naturales azotan el país
  D ☐ la pérdida de Cuba, la última colonia española

4 ¿A qué género literario pertenece esta obra? Se trata de:
  A ☐ una obra de teatro
  B ☐ un cuento
  C ☐ unas memorias
  D ☐ otro..............................

2 **Completa el siguiente texto con las palabras adecuadas y tendrás el argumento de la obra.**

suicidio • vicisitudes • novio • belleza
personaje • diálogos • huérfano • existencia

Augusto Pérez, joven ₐ _____ y adinerado, lleva una monótona ᵦ _____. Pero conoce a una joven, Eugenia, de la que se enamora. Como Eugenia tiene 𝒸 _____, al principio lo rechaza. Hablando con su amigo Víctor, Augusto duda de si ama o no de verdad a Eugenia. En largos ᵈ _____ y monólogos descubre que hasta entonces ha vivido sin conocer el amor y ha sido insensible a la ₑ _____ femenina. Tras distintas f _____, Eugenia accede a casarse con él, pero Augusto se lleva un gran desengaño y se plantea el ₉ _____. Pero antes quiere consultarlo con un ₕ _____ inesperado...

¡Tienes la palabra!

3 **Marca (✓) la opción correcta y argumenta tu respuesta.**

La niebla es un fenómeno meteorológico consistente en nubes muy bajas, a nivel del suelo y formadas por partículas de agua muy pequeñas en suspensión. Pero, ¿a qué niebla crees que se refiere el título de esta obra?

A ☐ La historia se desarrolla en un paisaje en que siempre hay mucha niebla.

C ☐ Uno de los personajes principales tiene un defecto óptico que deforma las imágenes.

B ☐ La escena principal transcurre en un día de niebla.

D ☐ El protagonista vive en un estado de confusión y desorientación, y no puede ver ni actuar con claridad.

Prólogo

Se empeña don Miguel de Unamuno en que ponga yo un prólogo a este su libro en que se relata la tan lamentable historia de mi buen amigo Augusto Pérez y su misteriosa muerte.

Me unen muchos lazos con don Miguel de Unamuno, y contiene este libro, sea novela o nivola, –y que quede constancia de que esto de la nivola es invención mía– numerosas conversaciones que tuve con el malogrado★ Augusto Pérez.

Con todo, estimo errónea la versión que don Miguel da de la muerte de mi desgraciado amigo; pero tampoco me voy a poner yo ahora aquí a discutir en este prólogo con mi prologado. Pero debo hacer constar que estoy profundamente convencido de que Augusto Pérez, cumpliendo el propósito de suicidarse que me comunicó en la última entrevista que tuvimos, se suicidó realmente. Creo tener pruebas fehacientes★ en apoyo.

Víctor Goti

Post-prólogo

De buena gana discutiría aquí alguna de las afirmaciones de mi prologuista, Víctor Goti. Fui yo quien le rogué que me lo escribiese, comprometiéndome de antemano a aceptarlo tal y como me lo diera, pero hay ciertas afirmaciones que no puedo dejar pasar. Sobre todo, su afirmación de que el desgraciado… –aunque, desgraciado, ¿por qué?– Augusto Pérez se suicidó y no murió como yo cuento, es decir, por mi decisión, es cosa que me hace sonreír. Y debe andarse mi amigo y prologuista Goti con mucho cuidado, ya que si me fastidia mucho, acabaré haciendo con él lo que hice con su amigo Pérez, y lo dejaré morir o lo mataré.

Miguel de Unamuno

---

malogrado/a se dice de la persona que muere joven y que no ha podido cumplir así un prometedor porvenir

fehaciente que certifica que algo es cierto

Capítulo 1

El encuentro

▶ 2 Augusto salió a la puerta de su casa, extendió el brazo derecho, y dirigió los ojos al cielo. Recibió en el dorso de la mano el frescor del agua de la lluvia y frunció el ceño★. Y no era que le molestase la llovizna★, sino el tener que abrir el paraguas. ¡Estaba tan elegante, tan esbelto, plegado y dentro de su funda! Un paraguas cerrado es tan elegante como es feo un paraguas abierto.

"Es una desgracia tener que servirse uno de las cosas –pensó Augusto–, tener que usarlas, el uso estropea y hasta destruye toda belleza. La función más noble de los objetos es la de ser contemplados."

Abrió el paraguas por fin y se quedó un momento indeciso y preguntándose: "Y ahora, ¿hacia dónde voy, a la derecha o a la izquierda?" Porque Augusto no era un caminante, sino un paseante de la vida. "Ya sé. Esperaré a que pase un perro –se dijo– y tomaré la misma dirección que él tome."

Pero por la calle no pasó un perro, sino una garrida moza★, y Augusto se puso a seguir aquellos ojos, como hipnotizado, como atraído por un imán. Y así la siguió una calle y otra y otra.

Y de repente se detuvo en la puerta de una casa en la avenida de la

---

fruncir el ceño arrugar la frente en señal de sorpresa, de enfado o de preocupación

la llovizna lluvia ligera
una garrida moza una hermosa muchacha

Alameda donde había entrado la guapa joven. La portera le echó una mirada maliciosa cuando él empezó a hablarle.

–Dígame, buena mujer, ¿podría decirme el nombre de esta señorita que acaba de entrar?

–Eso no es ningún secreto ni nada malo, caballero. Se llama doña Eugenia Domingo del Arco.

–Y dígame… ¿cómo es que sale así, sola? ¿Es soltera o casada? ¿Tiene padres?

–Es soltera y huérfana. Vive con unos tíos. Se dedica a dar lecciones de piano. ¿Desea que le lleve algún recado*?

–Tal vez, pero no por ahora… Gracias y ¡adiós!

Augusto se marchó, se sentó en un banco y empezó a divagar: "Tengo miedo de que su imagen se borre de mi memoria. Pero, ¿cómo es la dulce Eugenia en realidad? Sólo me acuerdo de unos ojos… Soy incapaz de acordarme de su rostro. Ni siquiera creo haberlo visto…" Y decidió que tenía que escribirle en cuanto llegara a su casa.

El criado le abrió la puerta. Augusto, era rico y desde que su anciana madre había muerto seis meses antes, vivía solo, con un criado y una cocinera, sirvientes antiguos en la casa, que estaban casados entre sí, pero que no tenían hijos.

Entró en su gabinete, tomó un sobre y escribió en él: *"Señorita doña Eugenia Domingo del Arco"*. Delante del blanco papel, apoyó la cabeza en ambas manos, los codos en el escritorio, y cerró los ojos, intentando pensar en ella, esforzándose por recordar en la oscuridad el resplandor de aquellos ojos que lo habían arrastrado por las calles. Como apenas había visto a Eugenia, tuvo que figurársela*. Y entre ensueños* se quedó dormido.

Al día siguiente, tras haber almorzado, tomó su café y se tendió en

---

un recado mensaje
figurarse representarse, imaginarse

un ensueño fantasía, ilusión

la mecedora. Encendió un habano, se lo llevó a la boca, y diciéndose: "¡Ay, mi Eugenia!" se dispuso a pensar en ella. "¡Mi Eugenia, sí, la mía, ésta que me estoy forjando* a solas, y no la otra, no la de carne y hueso, no la que vi cruzar por la puerta de mi casa, aparición fortuita, no la de la portera! ¿Aparición fortuita? ¡El azar! El azar es el íntimo ritmo del mundo, el azar es el alma de la poesía. ¡Ah, mi Eugenia! Los hombres no sucumbimos a las grandes penas ni a las grandes alegrías, y es porque esas penas y esas alegrías vienen envueltas en una inmensa niebla de pequeños incidentes. Y la vida es esto, la niebla. La vida es una nebulosa. Ahora surge de ella Eugenia. ¿Y quién es Eugenia? Ah, me doy cuenta de que hace tiempo la andaba buscando. ¡Eugenia, Eugenia!"

Al oírle pronunciar en voz alta el nombre de Eugenia, el criado, que pasaba junto al comedor, entró diciendo:

–¿Llamaba, señorito?

–¡No, a ti no! Puedes irte –le dijo.

Se levantó de la mecedora, fue al gabinete, tomó la pluma, escribió la carta que pensaba mandar a Eugenia:

"Señorita:

Esta mañana, bajo la llovizna, como una aparición fortuita cruzó usted por delante de la puerta de la casa donde vivo. Como un sonámbulo la seguí y, cuando desperté, me encontré en la puerta de su hogar. Había llegado allí atraído por sus ojos, sus ojos, que son dos refulgentes estrellas mellizas en la nebulosa de mi mundo.*

No sé qué más decirle. Sí, sí sé. Pero es tanto, tanto lo que tengo que decirle, que es mejor aplazarlo para cuando nos veamos y nos hablemos, porque lo que ahora deseo es que nos veamos, que nos hablemos, que nos conozcamos. Después... Después, ¡Dios y nuestros corazones dirán!

Queda sumido en la niebla esperando su respuesta,

Augusto Pérez" ▪

---

forjarse crearse, imaginarse   **mellizo/a** cada uno de los hermanos nacidos en un mismo parto

Cuando terminó, cerró el sobre y salió a la calle. "¡Gracias a Dios –se decía camino de la casa donde vivía la joven–, que sé adónde voy y que tengo adónde ir! Eugenia ha dado una finalidad a mis vagabundeos callejeros*..." Mientras iba así hablando consigo mismo, se cruzó con Eugenia sin advertir ni siquiera el resplandor de sus ojos. La niebla espiritual era demasiado densa. Y siguieron los dos, Augusto y Eugenia, en direcciones contrarias.

Por fin se encontró Augusto una vez más ante Margarita la portera, la saludó y le preguntó:

–¿Salió la señorita Eugenia?

–Sí, hace un momento.

–¿Hará el favor de hacerle llegar esta carta a sus propias manos?

–Sí, claro, con mucho gusto, como las otras veces.

–¿Las otras veces? ¿Qué otras veces?

–¿Es que cree usted que ésta es la primera carta de este género...?

–Pero, ¿usted sabe el género de mi carta?

–Desde luego. Como las otras.

–¿Como las otras? ¿Como qué otras?

–¡La señorita ha tenido muchos pretendientes!

–Ah, pero ¿ahora está libre?

–¿Ahora? No, no señor, tiene una especie de un novio... aunque creo que es solamente un aspirante a novio...

–Por favor, entréguele esta carta y en propias manos, ¿entiende? –le dijo dándole una moneda.

–Gracias, señor, gracias. Así lo haré.

"¿Eugenia tiene un novio...? –iba diciéndose Augusto calle abajo– ¡Habrá pues que luchar! Mi vida tiene ahora una finalidad. ¡Oh, has de ser mía! ¡Lucharemos! Lucharemos y venceré, mi Eugenia!"

---

los vagabundeos callejeros el hecho de ir por las calles sin un rumbo determinado

Y llegó a la puerta del casino, donde ya Víctor le esperaba para echar la cotidiana partida de ajedrez.

–Hoy te retrasaste un poco –le dijo Víctor–, ¡tú, tan puntual siempre!

Empezaron a jugar. Augusto avanzó dos casillas el peón del rey, y en vez de tararear* como otras veces fragmentos de ópera, se quedó pensativo: "¡Eugenia, mi Eugenia, finalidad de mi vida, dulce resplandor de estrellas mellizas en la niebla, lucharemos! Acaso la carta ya esté en manos de Eugenia. ¡*Alea jacta est!**"

–Pero, hombre –le interrumpió Víctor –, ¿en qué estás pensando? Te veo ausente…

–Perdona, me había distraído.

–Si no fueses tan distraído serías uno de nuestros mejores jugadores.

–Víctor, voy a darte una gran noticia: me he enamorado.

–Bah, eso ya lo sabía yo.

–¿Cómo que lo sabías…?

–Naturalmente, tú estás enamorado desde que naciste. Y ya sabía yo, sin que tuvieras que decírmelo, que estabas enamorado o más bien enamoriscado*. Lo sabía mejor que tú mismo.

–Pero ¿de quién, dime, de quién?

–Eso no lo sabes tú más que yo.

–Acaso tengas razón…

–Y si no, dime, ¿es rubia o morena?, ¿es alta o baja?

–Pues, la verdad, no lo sé. Aunque me figuro que no debe de ser ni lo uno ni lo otro, no me acuerdo bien. Pero ¡qué ojos, chico, qué ojos tiene mi Eugenia!

–¿Eugenia?

–Sí, Eugenia Domingo del Arco.

---

tararear cantar sin pronunciar palabras o repitiendo alguna sílaba

¡Alea jacta est! (en latín) ¡La suerte está echada!

estar enamoriscado/a estar un poco enamorado/a

–¿La profesora de piano?

–La misma. Pero…

–La conozco… Y ahora, ¡jaque otra vez!

Y Augusto acabó perdiendo el juego.

"¡Yo, enamorado! ¡Quién había de decirlo…! –iba diciéndose Augusto camino de su casa– Pero, ¿tendrá razón Víctor? ¿Seré un enamorado desde siempre? ¿Y qué es amor? ¿Quién definió el amor? ¿Y cómo me he enamorado, si no puedo decir que la conozco? Y para amar algo, ¿qué basta? ¡Vislumbrarlo*! Eso es la intuición amorosa, percibir algo en la niebla. Luego viene el precisarse, la visión perfecta." Sumido en sus pensamientos, Augusto se cruzó de nuevo en la calle con Eugenia y no reparó* en ella.

Muchas noches, antes de acostarse, Augusto solía echar una partida de tute* con Domingo, su criado, mientras la mujer de este, la cocinera, contemplaba el juego.

–¡Decidme! –exclamó Augusto de pronto mientras jugaban– ¿Y si yo me casara?

–Muy bien hecho, señorito –dijo Domingo. Casarse es muy fácil, pero no es tan fácil ser casado.

–Según con quien –se atrevió a insinuar Liduvina, su mujer. Ya recuerda lo que decía la señora…

A la piadosa mención de su madre, Augusto dejó las cartas sobre la mesa, y su espíritu quedó un momento en suspenso. Muchas veces su madre le había dicho: "Yo no puedo vivir ya mucho, hijo mío; tu padre me está llamando. Acaso a él le hago más falta que a ti. Cuando yo me vaya de este mundo y te quedes solo en él, tú cásate, cásate cuanto antes. Trae a esta casa dueña y señora. Y que sea ama de casa, hijo mío. Busca una mujer de gobierno, que sepa querer… y gobernarte."

---

vislumbrar distinguir, percibir

reparar en alguien fijarse en alguien, apercibirse de alguien

el tute juego de cartas

—Mi mujer tocará el piano –dijo Augusto, abandonando sus recuerdos.

—¡El piano! Y eso, ¿para qué sirve? –preguntó Liduvina.

—¿Para qué sirve? Pues ahí reside su mayor encanto, en que no sirve para nada. No, no es cierto. El piano sí sirve, sirve para llenar de armonía los hogares.

—¡Armonía! Y eso, ¿con qué se come?

—Sí, tocará el piano, porque mi Eugenia es profesora de piano…

—¿Ah, pero se llama Eugenia y es maestra de piano? –preguntó la cocinera– ¿La que vive con unos tíos en la avenida de la Alameda?

—La misma. ¿La conoces? ¡Vamos, habla! Mira que se trata del porvenir* y de la felicidad de tu amo…

—Es buena muchacha, sí, buena muchacha… Pero acuérdese de los consejos de su madre, señorito –dijo la criada levantándose y saliendo.

—¿Acabamos la partida? –preguntó Domingo.

Continuaron jugando y como Augusto estaba distraído, perdió también la partida.

"Dios mío –se decía al retirarse a su cuarto–, Víctor, Liduvina, todos la conocen, todos la conocen menos yo. ¡Oh, Eugenia, mi Eugenia, aparece en mis sueños, sueña en mí y conmigo!", y se quedó dormido.

el porvenir futuro

Comprensión lectora

1 **¿Verdadero (V) o falso (F)?**

	V	F
A Gracias al prólogo, sabes que el final de la historia y en particular de su protagonista va a ser feliz.	☐	☐
B Augusto se complace en recordar la cara de Eugenia y su belleza.	☐	☐
C En este capítulo, después de la primera vez, Augusto se cruza de nuevo con Eugenia tres veces.	☐	☐

2 **Contesta marcando (✓) la opción correcta.**

1 En este capítulo aprendemos que Víctor Goti, amigo y confidente de Augusto Pérez, desempeña también en la obra el papel de:

A ☐ antagonista, personaje que se opone al protagonista
B ☐ bufón, personaje cómico
C ☐ narrador de la historia
D ☐ prologuista

2 ¿Sobre qué tema no están de acuerdo los autores del prólogo y del post-prólogo?

A ☐ el género literario al que pertenece la obra
B ☐ la importancia de ciertos personajes
C ☐ a fecha y el lugar en que ocurrieron los hechos
D ☐ la versión que se da de la muerte del protagonista

3 Unamuno profiere una amenaza contra el prologuista. ¿Cuál?

A ☐ suprimir el prólogo
B ☐ arruinarle su carrera artística
C ☐ revelar un secreto suyo
D ☐ matarlo

4 Cuando Augusto sale de su casa, ¿qué camino piensa tomar?

A ☐ Va a la iglesia.

B ☐ Se dirige al casino.

C ☐ Va al restaurante.

D ☐ No lo sabe.

5 En dos ocasiones en este capítulo, Augusto juega con distintos contrincantes a dos juegos diferentes, al ajedrez y a las cartas, y pierde. ¿Por qué motivo?

A ☐ Es la primera vez que juega.

B ☐ No conoce bien las reglas.

C ☐ Es mal jugador.

D ☐ Está distraído.

6 ¿Qué consejos le daba a Augusto su difunta madre sobre el matrimonio?

A ☐ Que se casara lo antes posible.

B ☐ Que esperara para casarse.

C ☐ Que nunca se casara.

D ☐ Que se casara sólo cuando estuviera enamorado de verdad.

3 **Relaciona las dos columnas a partir de lo que has aprendido en este capítulo.**

Augusto

_____

Eugenia

_____

Víctor

_____

A ☐ es soltero/a

B ☐ vive con dos criados

C ☐ vive con sus tíos

D ☐ ha perdido recientemente a su madre

E ☐ ha tenido muchos pretendientes

F ☐ se ha enamorado

G ☐ es muy puntual

H ☐ escribe una carta

I ☐ da lecciones de piano

J ☐ juega al ajedrez

Vocabulario

4 Selección múltiple

1 ¿Con qué imagen describe Augusto los ojos de Eugenia? Son dos:

A ☐ agujeros **B** ☐ esmeraldas **C** ☐ zafiros **D** ☐ estrellas

E ☐ volcanes **F** ☐ icebergs **G** ☐ pájaros

2 En este capítulo se habla de dos objetos y, en particular, de su utilidad y finalidad. ¿Cuáles son estos objetos?

A ☐ un sombrero **B** ☐ unas tijeras **C** ☐ un paraguas

D ☐ un lápiz **E** ☐ un espejo **F** ☐ una maleta

G ☐ un piano

3 ¿Cuál es el juego de mesa que se practica con una baraja de cartas y al que Augusto suele jugar con su criado?

A ☐ el ajedrez **B** ☐ las damas **C** ☐ el tute **D** ☐ la ruleta

E ☐ el dominó **F** ☐ los dados **G** ☐ el póquer

Gramática

5 Completa el siguiente texto con los verbos entre paréntesis conjugados en presente de indicativo, y tendrás un resumen de este capítulo:

Augusto Pérez, un joven de muy buena posición, (vivir) a_____ en una casa muy grande en compañía de sus dos fieles sirvientes. Su madre ha muerto seis meses atrás y él (ser) b_____ el único heredero de una considerable fortuna. Un día, cuando (salir) c_____ de su casa, una joven (atraer) d_____ su atención y empieza a seguirla. La (ver) e_____ entrar en un edificio y allí, pregunta a la portera sobre ella. (Llamarse) f_____ Eugenia es huérfana, vive con sus tíos y es profesora de piano. Augusto (marcharse) g_____ y (ir) h_____ al casino, donde le (contar) i_____ a Víctor, su mejor amigo, que se ha enamorado a primera vista. De regreso a su casa, (escribir) j_____ una carta a Eugenia. Hablando otro día con la portera (enterarse) k_____ de que la señorita Eugenia (tener) l_____ novio. Augusto Pérez está dispuesto a luchar por su nuevo y, hasta entonces, único amor, que le ha dado un objetivo en la vida.

DELE - Expresión escrita

6 **Escribe la carta que escribirías tú si te hubiera pasado lo mismo a ti y hubieras visto a alguien en la calle y te hubieras enamorado a primera vista.**

Recuerda:

no se debe mezclar el tú y el usted en el tratamiento

después del saludo siempre dos puntos ":"

(Número de palabras: entre 150 y 200)

_____

_____

_____

_____

_____

_____

_____

_____

_____

_____

ANTES DE LEER

¡Tienes la palabra!

7 **Marca (✓) lo que crees que sucederá en el próximo capítulo:**

A ☐ Eugenia acabará cediendo a los requerimientos amorosos de Augusto.

B ☐ Augusto no logrará conquistar a Eugenia y la amenazará con suicidarse si ella continua rechazando su amor.

C ☐ Augusto renunciará a conquistar a Eugenia, ya que ella está comprometida y tiene novio.

D ☐ Un curioso azar abrirá a Augusto las puertas de la casa de Eugenia.

E ☐ Augusto descubrirá que Eugenia oculta un terrible secreto del que Víctor y Liduvina parecen estar al corriente.

Capítulo 2

Un suceso inesperado

Soñaba Augusto con cielos bañados en una niebla solar, y allá en lo alto, en la cima del cielo, dos estrellas brillando. Rompió el silencio la voz estridente del cartero anunciando la correspondencia y Augusto vislumbró la luz de un nuevo día. "¿Sueño o vivo? –se preguntó cubriéndose con la manta– ¿Qué novedades me traerá el nuevo día consigo? El mundo es un caleidoscopio. La lógica la pone el hombre. El supremo arte es el del azar. Durmamos, pues, un rato más." Y se dio media vuelta en la cama. Pero no pudo dormirse, pues la calle empezaba a bullir de actividad. "¡Imposible! –se dijo Augusto– Esto es la vida que vuelve. Y con ella el amor… ¿Y qué es el amor? Pensemos en Eugenia, la hora es propicia★." Y cerró los ojos con el propósito de pensar en Eugenia. ¿Pensar?

Pero este pensamiento se fue diluyendo, y al poco rato no era sino música. Es que un piano de manubrio★ se había parado al pie de la ventana de su cuarto y estaba sonando.

Se levantó por fin a tomar el desayuno. Luego se lavó, se peinó, se vistió y se arregló como quien tiene ya un objetivo en la vida, rebosando una íntima alegría de vivir, aunque melancólico. Se echó a la calle, y se cruzó con Eugenia, a quien saludó aún más con los ojos

propicio/a favorable, adecuado/a

el piano de manubrio piano que se hace sonar por medio de un cilindro con púas movido por una manivela

que con el sombrero. Estuvo a punto de dar media vuelta para seguirla, pero vencieron el sentido común y el deseo que tenía de charlar con la portera.

"Es ella, sí, es ella –iba diciéndose–, es la que yo buscaba hace años, aun sin saberlo; es la que me buscaba. Estábamos destinados uno a otro en armonía preestablecida. ¡Madre, aquí tienes a tu hijo; aconséjame desde el cielo! ¡Eugenia, mi Eugenia…!"

Miró a todas partes por si le miraban, pues se sorprendió abrazando el aire. Y se dijo: "El amor es un éxtasis; nos saca de nosotros mismos."

Le volvió a la realidad –¿a la realidad?– la sonrisa de Margarita.

–¿Y qué, no hay novedad? – le preguntó Augusto.

–Ninguna, señorito. Todavía es muy pronto.

–¿No le preguntó nada al entregársela?

–Sí. Me preguntó por sus señas de usted, y si le conocía, y quién era. Me dijo que el señorito no se había acordado de poner la dirección de su casa. Y luego me dio un encargo…

–¿Un encargo? ¿Cuál?

–Me dijo que si volvía por aquí, que le dijese que estaba comprometida, que tiene novio. Ya se lo dije yo, señorito.

–No importa, ¡lucharemos!

–Bueno, lucharemos.

–¿Me promete usted su ayuda, Margarita?

–Claro que sí.

–¡Pues venceremos!

Y se retiró. Se fue a la Alameda a refrescar sus emociones y volvieron a su memoria recuerdos de la infancia. Era, sobre todo, el cielo de recuerdos de su madre derramando* una luz tenue y dulce sobre todas sus demás memorias.

---

derramar extender, propagar

▶ 3 La casa en que vivía era una casa dulce y tibia. La luz entraba por entre las blancas flores bordadas en los visillos★. En la pared, el retrato del padre y de la madre, la viuda ya, hecho el día mismo en que se casaron. Él, que era alto, sentado, con una pierna cruzada sobre la otra, y ella, que era bajita, de pie a su lado y apoyando la mano en el hombro de su marido.

De su padre apenas se acordaba. Era una sombra mítica que se le perdía en lo más lejano, una nube sangrienta de crepúsculo. Sangrienta, porque siendo aún pequeño, lo había encontrado muerto bañado en un vómito de sangre.

Su madre iba y venía sin hacer ruido, como un pajarillo, siempre de negro, con una eterna sonrisa en la boca y los ojos escudriñadores★.

Por las noches su madre le leía algo, unas veces la vida del Santo, otras una novela de Julio Verne o algún cuento. Y algunas veces hasta se reía, con una risa silenciosa y dulce. "Tengo que vivir para ti, para ti solo –le decía antes de acostarse–, Augusto."

Luego él entró en el instituto y por las noches era su madre quien le tomaba las lecciones. Y estudió para tomárselas. Estudió todos aquellos nombres raros de la historia universal, y solía decirle sonriendo: "Pero, ¡cuántas barbaridades han podido hacer los hombres, Dios mío!" Estudió matemáticas, que es en lo que más sobresalió. Y estudió psicología, y esto era lo que más se le resistía. "Pero, ¡qué ganas de complicar las cosas!", solía decir a esto. Estudió física y química, y también historia natural. La fisiología le causaba horror, y renunció a tomar sus lecciones a su hijo. Sólo con ver aquellas láminas que representaban el corazón o los pulmones al desnudo, le traía al recuerdo la sangrienta muerte de su marido. "Todo esto es muy feo, hijo mío. No estudies médico. Lo mejor es no saber cómo se tienen las cosas de dentro –le decía."

---

el visillo cortina fina y casi transparente   escudriñador/a que examina con atención

Y luego vino su carrera, sus amistades universitarias, y la melancolía de la pobre madre al ver que su hijo empezaba a volar con sus propias alas: "Yo para ti, yo para ti –solía decirle–, y tú, ¡quién sabe para qué otra!... Así es el mundo, hijo." El día en que se licenció en Derecho, su madre, al llegar él a casa, le tomó y besó la mano de una manera cómicamente grave, y luego, abrazándolo, le dijo al oído: "¡Tu padre te bendiga, hijo mío!"

Su madre jamás se acostaba hasta que él lo hubiese hecho, y lo dejaba con un beso en la cama. No pudo, pues, nunca trasnochar★. Y era su madre lo primero que veía al despertarse. Y en la mesa, de lo que él no comía, ella tampoco.

Salían a menudo juntos de paseo y así iban, en silencio, bajo el cielo, pensando ella en su difunto y él pensando en lo primero que pasaba a sus ojos. Y ella le decía siempre las mismas cosas, cosas cotidianas, y muy a menudo empezaba sus frases con un "cuando te cases…". Cada vez que se cruzaban con alguna muchacha hermosa, o siquiera linda, su madre miraba a Augusto con el rabillo del ojo★.

Y vino la muerte, aquella muerte lenta, grave y dulce, indolorosa, que entró sin ruido, y se la llevó en una tarde de otoño. Murió con su mano en la mano de su hijo, con sus ojos en los ojos de él. Sintió Augusto que la mano se enfriaba, sintió que los ojos se inmovilizaban. Soltó la mano después de haber depositado en ella un beso, y cerró los ojos. Se arrodilló junto al lecho★ y recordó todos aquellos años iguales.

Y ahora estaba aquí, en la Alameda, pensando en Eugenia. Y Eugenia tenía novio. "Si viviera mi madre encontraría solución a esto –se dijo Augusto."

Unos débiles quejidos interrumpieron su soliloquio. Escudriñó★ con los ojos y acabó por descubrir, entre la verdura de un matorral★,

---

trasnochar pasar la noche sin dormir o acostándose muy tarde
mirar con el rabillo del ojo mirar de lado, disimuladamente
el lecho la cama

escudriñar examinar con atención
el matorral conjunto de matas, plantas de poca altura

un pobre cachorrillo de perro. "¡Pobrecillo! –se dijo– Lo han dejado recién nacido para que muera." Y lo recogió.

"Cuando lo sepa Eugenia… ¡Qué cariño le va a tomar al pobre animalito! –pensaba Augusto en el camino de vuelta a casa."

Bautizó al cachorrillo con el nombre de Orfeo, no sabía muy bien por qué. Y Orfeo fue en adelante su confidente y el que recibió los secretos de su amor a Eugenia.

"Mira, Orfeo –le decía silenciosamente–, tenemos que luchar. ¿Qué me aconsejas que haga? Si te hubiese conocido mi madre… Pero ya verás, ya verás cuando duermas en el regazo* de Eugenia, bajo su mano tibia y dulce. Y ahora, ¿qué vamos a hacer, Orfeo?"

Fueron melancólicos el almuerzo de aquel día, el paseo, la partida de ajedrez y el sueño de aquella noche.

Augusto se paseaba frente a la casa de Eugenia y en aquel momento se abrió uno de los balcones del segundo piso, en el que vivía Eugenia, y apareció una señora delgada y con el pelo blanco con una jaula en la mano. Iba a poner el canario al sol, pero la jaula se le cayó. La señora lanzó un grito de desesperación, y Augusto se precipitó a recoger la jaula.

Con el canario agitándose en la jaula y el corazón agitándosele en el pecho, subió a la casa. La señora le esperaba.

–¡Oh, gracias, gracias, caballero! ¿Quiere usted pasar?

–Con mucho gusto, señora.

Y Augusto entró. La señora lo acompañó al salón y lo dejó solo un momento. Entró entonces un anciano, el tío de Eugenia sin duda, y se le acercó. Sentándose junto a él, pronunció una frase en esperanto que quería decir "¿Y usted no cree conmigo que la paz universal llegará pronto gracias al esperanto?" Augusto pensó en huir, pero el amor a Eugenia lo contuvo. El otro prosiguió hablando en esperanto.

---

el regazo parte del cuerpo entre la cintura y las rodillas cuando una persona está sentada

–Estoy segura de que le hablaba a usted en esa maldita jerga* que llaman esperanto –dijo la tía, que había vuelto. Fermín, este señor ha salvado a mi pobre canario, que cayó a la calle, y ha tenido la bondad de traérmelo. Y usted –añadió volviéndose a Augusto–, ¿quién es?

–Yo soy, señora, Augusto Pérez, hijo de la difunta viuda de Pérez Rovira, a quien usted acaso conocería.

–¿Doña Soledad?

–Exacto, soy el hijo de doña Soledad.

–Y mucho que conocí a la buena señora. Fue una viuda y una madre ejemplar. Le felicito a usted por ello.

–Y yo me felicito de que, gracias a este accidente, los haya conocido a ustedes.

–¿Y cómo es que pudo usted acudir tan pronto para socorrer mi canario? –exclamó la tía.

–Seré franco con usted, señora. Es que rondaba la casa.

–¿Esta casa?

–Sí, señora. Tienen ustedes una sobrina encantadora.

–Mire, caballero, tiene usted abiertas las puertas de esta casa… –exclamó la señora, volviéndose a Augusto– Pues, ¡no faltaba más*! Así va usted a ayudarme a quitar a esa chiquilla un capricho que se le ha metido en la cabeza…

–¿Y la libertad? –insinuó don Fermín.

–Cállate tú, hombre, y quédate con tu anarquismo.

–¿Anarquismo? –exclamó Augusto.

Irradió de gozo* el rostro de don Fermín, y añadió con la más dulce de sus voces:

–Sí, señor mío, yo soy anarquista, anarquista místico, pero en teoría, entiéndase bien. No tema usted, amigo –y al decir esto le

---

la jerga lenguaje especial que usan personas pertenecientes a un mismo grupo

¡no faltaba más! ¡por supuesto!, ¡desde luego!

el gozo el placer

puso amablemente la mano sobre la rodilla–, no echo bombas. Mi anarquismo es puramente espiritual.

–Y usted, ¿no es anarquista también? –preguntó Augusto a la tía, por decir algo.

–¿Yo? Eso es un disparate*, eso de que no mande nadie. Si no manda nadie, ¿quién va a obedecer? ¿No comprende usted que eso es imposible? Volviendo al asunto que nos ocupa, don Augusto, pues bien, pacto cerrado*. Usted me parece una excelente persona, bien educado, de buena familia, con una renta más que regular… Nada, nada, desde hoy es usted mi candidato.

–Tanto honor, señora…

–Sí. Hay que hacer entrar en razón a esta chica. Ella no es mala, sabe usted, pero caprichosa… Además, ¡ha sido criada con tanto cariño! Cuando sobrevino aquella terrible catástrofe de mi pobre hermano…

–¿Catástrofe? –preguntó Augusto.

–Sí, y como la cosa es pública no debo yo ocultársela a usted. El padre de Eugenia se suicidó después de una operación bursátil* desgraciadísima y dejándola casi en la miseria. Le quedó una casa, pero gravada con una hipoteca que se lleva todas sus rentas. Y la pobre chica trabaja y ahorra para reunir el dinero suficiente para pagar la hipoteca. ¡Figúrese usted! ¡Ni aunque se esté dando lecciones de piano sesenta años podrá pagarla!

Augusto concibió al punto un propósito generoso y heroico.

–La chica no es mala –prosiguió la tía–, pero no hay modo de entenderla.

–Bueno, señores –dijo Augusto levantándose–, estoy acaso molestando…

–Usted no molesta nunca, caballero –le respondió la tía–, y prométame que volverá.

---

el disparate hecho o dicho erróneo, absurdo, ilógico, sin sentido

cerrado/a concluido/a

bursátil relativo/a a la bolsa

Al despedirse, las últimas palabras de la tía fueron: "Ya lo sabe usted, es mi usted candidato."

Cuando Eugenia volvió a casa, las primeras palabras de su tía al verla fueron:

—¿Sabes Eugenia, quién ha estado aquí? Don Augusto Pérez.

—Augusto Pérez… Augusto Pérez… ¡Ah, sí! Y, ¿a qué ha venido?

—¡Vaya una pregunta! Él viene tras de ti, y es un mozo joven, más bien apuesto, bien educado, fino, y sobre todo rico, chica, sobre todo rico.

—Pues que se quede con su riqueza, que si yo trabajo no es para venderme.

—Y ¿quién te ha hablado de venderte?

—Bueno, bueno, tía, dejémonos de bromas.

—Tú lo verás, chiquilla, e irás cambiando de ideas. Nadie puede decir de este agua no beberé. Eugenita, déjate de bobadas, que se te presenta un gran partido★.

—También yo soy anarquista, tía, pero no como tío Fermín, no mística.

—¡Bueno, se verá! –terminó la tía.

—"¡Ay, Orfeo! –decía ya en su casa Augusto– Di el gran paso, el paso decisivo; entré en su hogar. ¿Sabes lo que es dar un paso decisivo? Los vientos de la fortuna nos empujan y nuestros pasos son todos decisivos. ¿Nuestros? ¿Son nuestros esos pasos? El sendero nos lo hacemos con los pies según caminamos a la ventura. Hay quien cree seguir una estrella; yo creo seguir una doble estrella."

"Y dime, Orfeo, ¿de dónde ha brotado★ Eugenia? ¿Es ella una creación mía o soy yo creación suya? ¿O somos los dos creaciones mutuas, ella de mí y yo de ella? ¿No es acaso todo creación de cada cosa y cada cosa creación de todo? Y ¿qué es creación?, ¿qué eres tú, Orfeo?, ¿qué soy yo?"

un gran partido persona que puede representar un matrimonio ventajoso
brotar surgir

"Muchas veces se me ha ocurrido pensar*, Orfeo, que yo no soy, e iba por la calle imaginando que los demás no me veían. Y otras veces he fantaseado que no me veían como me veía yo. ¿No te ha ocurrido alguna vez a ti esto, Orfeo? Aunque no, porque tú eres joven todavía y no tienes experiencia de la vida. Y además eres perro."

"Y ahora brillan en el cielo de mi soledad los dos ojos de Eugenia. Brillan con el resplandor de las lágrimas de mi madre. Y me hacen creer que existo, ¡dulce ilusión! *¡Amo, ergo sum*!* Este amor, Orfeo, es como lluvia bienhechora en que se deshace y concreta la niebla de la existencia. Gracias al amor, Orfeo, siento la existencia de mi alma."

"Vienen los días y van los días y el amor queda. Allá dentro, muy dentro, en las entrañas de las cosas se rozan y friegan la corriente de este mundo con la contraria corriente del otro, y de este roce y friega viene el más triste y el más dulce de los dolores: el de vivir."

Mirando a los ojos de su amo mientras hablaba, Orfeo adivinaba su sentir.

---

ocurrírsele algo a alguien pasarle a alguien algo por la cabeza
¡Amo, ergo sum! (en latín) ¡Amo, luego existo!

Comprensión lectora

1 **Contesta marcando (✓) la opción correcta.**

1 Eugenia ha dado a Margarita, la portera, el encargo de decir a Augusto que:

A ☐ Ella comparte sus sentimientos.

B ☐ Le gustaría tener una cita con él.

C ☐ Ya tiene novio.

D ☐ Sus tíos no quieren que lo vea.

2 Por los recuerdos que Augusto tiene de su madre, comprendemos que ésta:

A ☐ Lo protegió mucho y estuvo muy presente durante toda su vida.

B ☐ Era muy posesiva y autoritaria.

C ☐ Era fría y no tenía ningún instinto materno.

D ☐ Murió cuando Augusto era todavía niño.

3 ¿Cómo conoce Augusto a los tíos de Eugenia?

A ☐ Ya los conocía antes.

B ☐ Pide a alguien que se los presente.

C ☐ Va a su casa, se presenta y expone su demanda.

D ☐ Tiene lugar un incidente que le permite entrar en contacto con ellos.

4 ¿En qué idioma se dirige a Augusto el tío de Eugenia en su primer encuentro?

A ☐ castellano

B ☐ inglés

C ☐ esperanto

D ☐ latín

5 Cuando la tía de Eugenia conoce las intenciones de Augusto, ¿cómo reacciona?

A ☐ Está molesta porque tiene la impresión que Augusto la ha utilizado.

B ☐ Intenta convencer a Augusto de que renuncie a su sobrina.

C ☐ Piensa que Augusto es un buen partido y lo prefiere al actual novio de Eugenia.

D ☐ Le es indiferente, no tiene ninguna opinión precisa.

6 Cuando su tía le dice que Augusto ha estado en su casa y que han hablado, ¿cómo reacciona Eugenia?

A ☐ Está muy entusiasmada y excitada.

B ☐ Se pone furiosa.

C ☐ Muestra una total indiferencia.

D ☐ Sonríe melancólicamente.

7 Augusto se siente existir porque ama. La fórmula *"Amo, ergo sum"* es una variación de la célebre expresión de un filósofo del siglo XVII. ¿Cuál?

A ☐ René Descartes

B ☐ Denis Diderot

C ☐ Nicolas Maquiavelo

D ☐ Friedrich Nietzsche

Vocabulario

2 Lee atentamente este capítulo, así como el anterior. Luego, coloca en la columna adecuada los rasgos físicos o de carácter que mejor corresponden a cada personaje.

bajito/a • guapo/a • educado/a • fino/a • caprichoso/a • de buena familia • rico/a • distraído/a • dulce • terco/a • imaginativo/a meditabundo/a • melancólico/a • orgulloso/a • pensativo/a silencioso/a • sonriente • soñador/a

Augusto	Eugenia	Doña Soledad

3 Selección múltiple.

1 ¿Qué estudios universitarios ha cursado Augusto?

A ☐ matemáticas **B** ☐ física y química **C** ☐ literatura
D ☐ derecho **E** ☐ historia universal **F** ☐ historia natural
G ☐ medicina

2 En dos ocasiones en este capítulo, el azar interviene bajo la forma de un animal distinto. ¿De qué animales se trata?

A ☐ un gato **B** ☐ un perro **C** ☐ un pájaro **D** ☐ un caballo
E ☐ un insecto **F** ☐ un elefante **G** ☐ una rana

3 El tío de Eugenia reivindica pertenecer a una filosofía política y social que llama a la oposición y abolición del Estado y, por extensión, de toda autoridad, jerarquía o control social que se imponga al individuo. ¿Cuál es esta corriente ideológica?

A ☐ el capitalismo **B** ☐ el fascismo **C** ☐ el comunismo
D ☐ el anarquismo **E** ☐ el libertarismo **F** ☐ el agnosticismo
G ☐ la masonería

4 Augusto encuentra un cachorro de perro abandonado y le da el nombre de Orfeo. ¿Quién era este personaje de la mitología griega?

A ☐ un hermoso joven que se enamoró de sí mismo al verse reflejado en el agua
B ☐ un héroe famoso por su extraordinaria fuerza
C ☐ un famoso músico y poeta que bajó a los infiernos en busca de su amada Eurídice
D ☐ un rey de Frigia al que Dionisio le concedió el don de convertir en oro todo lo que tocase
E ☐ un rey de Tebas que mató a su padre y se casó con su madre
F ☐ un ave que renace de sus propias cenizas
G ☐ un artista que esculpió la estatua de una mujer y se enamoró de ella

Gramática

4 Completa el siguiente texto con las formas adecuadas de los verbos en pasado del recuadro.

comenzó • se enamoró • hablaba • deseaba • ayudaba • era • conmovía • se preguntaba • había conocido • había muerto

Augusto _a_ _____ a recordar a sus padres difuntos. Apenas _b_ _____ a su padre, pues éste había muerto cuando él _c_ _____ muy niño. El dulce recuerdo de su madre lo _d_ _____ y enternecía. Cuando _e_ _____ de ella sentía una gran emoción. Su madre _f_ _____ seis meses antes, y su vida había perdido su sentido. Hasta que _g_ _____... Su madre le brindaba mucho afecto y siempre lo apoyaba. Cuando estudiaba, ella lo _h_ _____. Antes de morir, Doña Soledad le había dicho que _i_ _____ que se casara. Augusto _j_ _____ qué pensaría su madre de Eugenia.

ANTES DE LEER

¡Tienes la palabra!

5 En un momento dado de este capítulo se dice que *"Augusto concibió al punto un propósito generoso y heroico."* Lee atentamente el párrafo que precede esta afirmación, pues probablemente contiene algunas pistas.

Marca (✓) lo que crees que hará Augusto:

A ☐ Tomará clases de piano para que con el dinero ganado, Eugenia pueda pagar la deuda.

B ☐ Se comprará un piano y tomará a Eugenia como profesora particular exclusiva.

C ☐ Pagará la hipoteca de la casa de Eugenia.

D ☐ Hipotecará su propia casa y, con el dinero así obtenido, deshipotecará la de Eugenia.

Capítulo 3
El despertar a la vida

Augusto temblaba y sentíase angustiado mientras esperaba con doña Ermelinda, la tía de Eugenia, y con don Fermín, su marido, el anarquista teórico y místico, a que llegara la joven. Sonó el timbre de la puerta, y Augusto sintió una oleada de fuego y el corazón empezó a martillarle el pecho.

Se oyó un ligero rumor, y los ojos de Eugenia, en un rostro todo frescor de vida y sobre un cuerpo que no parecía pesar sobre el suelo, dieron como una nueva y misteriosa luz espiritual a la escena. Y Augusto se sintió tranquilo, absorto en la misteriosa luz espiritual que irradiaba de aquellos ojos.

–Aquí tienes a nuestro amigo don Augusto Pérez, que desea conocerte…

–¿El del canario? –preguntó la joven sentándose.

–Este caballero, –agregó la tía–, que por una feliz casualidad ha hecho conocimiento con nosotros, resulta ser el hijo de una señora a quien conocí algo y respeté mucho. Este caballero, puesto que es amigo ya de casa, ha deseado conocerte, Eugenia.

–¡Y admirarla como pianista! Conozco, señorita, su gran amor al arte… –añadió Augusto.

–¿Al arte? ¿A cuál, al de la música? ¡Le han engañado a usted, don

Augusto! Procuro cumplir lo mejor posible con mi deber profesional, y ya que tengo que ganarme la vida…

–¿Es que no le gusta la música?

–Ni pizca*, se lo aseguro.

–Ya te he dicho, sobrina, que este señor deseaba conocerte…

–Señorita –añadió Augusto–, en cuanto a eso de la hipoteca…

–¿Cómo? ¿Quién le ha hablado de la hipoteca? –preguntó con aspereza y poniéndose en pie– ¿Qué significa todo esto, a qué viene esta visita? Primero me dirige una carta, luego trae el canario, y ahora… Pues bien, caballero, la contestación a esa carta se la daré cuando mejor me plazca. Y ahora vale más* que me retire.

–¡Bien, muy bien! –exclamó don Fermín– ¡Esto es entereza* y libertad! ¡Ésta es la mujer del porvenir! ¡Mujeres así hay que ganarlas a puño, amigo Pérez, a puño!

Al desaparecer los ojos aquellos, fuentes de misteriosa luz espiritual, Augusto sintió que una ola de fuego le recorría el cuerpo, el corazón le martillaba el pecho y parecía querer estallarle la cabeza.

–¡Qué chiquilla, Dios mío, qué chiquilla! –exclamaba doña Ermelinda.

–¡Admirable!, ¡majestuosa!, ¡heroica! ¡Una mujer, toda una mujer! –decía Augusto.

–Perdone, señor don Augusto –le repetía la tía.

–Pero, ¡si estoy encantado! ¡Esta fuerte independencia de carácter, a mí, que no lo tengo, es lo que más me entusiasma! ¡Ésta y no otra es la mujer que yo necesito! Y si resiste, ¡así tiene más mérito!

–¡A la conquista, pues! Y ya sabe usted que nos tiene de su parte y que puede venir a esta su casa cuantas veces guste, y lo quiera o no Eugenia.

---

ni pizca nada, en absoluto
valer más ser mejor

la entereza energía y firmeza en el carácter y en el comportamiento, fortaleza

▶ 4 Augusto se despidió de los tíos y salió a la calle como aligerado de un gran peso y hasta dichoso. Nunca se hubiera imaginado lo que le pasaba por dentro del espíritu. El mundo le parecía más grande, el aire más puro y más azul el cielo. Era como si respirase por vez primera. Casi todas las mujeres con que cruzaba por la calle parecíanle guapas, muchas hermosísimas y ninguna fea. Se diría que para él empezaba a estar el mundo iluminado por una nueva luz misteriosa desde dos grandes estrellas invisibles que refulgían★ más allá del azul del cielo.

Al día siguiente de esto hablaba Eugenia en una reducida portería con un mozo, mientras la portera, la tía del joven, había salido discretamente a tomar el fresco a la puerta de la casa.

–Esto se tiene que acabar, Mauricio– decía Eugenia–; así no podemos seguir, y menos después de lo que te digo que pasó ayer.

–Pero ¿no dices –dijo el llamado Mauricio– que ese pretendiente es un pobre panoli★ que vive en Babia★?

–Sí, pero tiene dinero y mi tía no me va a dejar en paz.

–No le hagas caso.

–No quiero tener que encerrarme en mi cuarto cada vez que venga. Y además, me irrita, no soporto a los mendigos de ninguna clase, y menos a ésos que piden limosna con los ojos. ¡Y si vieras qué miradas suplicantes me echa! ¡Es preciso que te decidas, Mauricio!

–Pero, ¿Qué me decida a qué, corazón mío, a qué?

–¿A qué ha de ser? ¡A que nos casemos de una vez!

–Y ¿de qué vamos a vivir?

–De mi trabajo, de la odiosa música, hasta que tú lo encuentres.

–¿De tu trabajo? ¡Eso sí que no! ¡Nunca! ¡Todo menos vivir yo de tu trabajo! Lo buscaré, seguiré buscándolo, y en tanto, esperaremos… –y atrajo hacia sí a la cabeza de Eugenia, buscó sus labios y, cerrando los

---

refulgir brillar, resplandecer
un panoli persona boba y simple, de poco carácter

vivir en Babia estar distraído/a

ojos, le dio un beso húmedo, silencioso y largo.

–¡Esto no puede seguir así, Mauricio! –dijo Eugenia apartándose– Tienes que buscar trabajo. Odio la música.

–¡No te enfades, corazón mío! Buscaré trabajo, Eugenia.

–Siempre dices lo mismo. En el fondo no eres más que un haragán⋆. Y ahora, te lo repito, busca trabajo –añadió levantándose y apartándole con la mano suya–, decídete pronto. Si no, trabajaré yo. Pero, ¡decídete pronto! –y sin dejarle replicar se salió de la portería.

En el mismo momento en que esta conversación tenía lugar, Augusto se dirigía al casino a ver a su amigo Víctor, pues necesitaba un confidente.

"Ya tengo una finalidad en esta vida –se decía por el camino–, y es conquistar a esta muchacha o que ella me conquiste. Y es lo mismo. En amor lo mismo da vencer que ser vencido. Aunque, ¡no! Aquí ser vencido es que me deje por el otro." Un cuerpo de mujer pasó cerca de él e interrumpió el soliloquio⋆. Se puso a seguir, casi maquinalmente, aquel cuerpo, mientras continuaba pensando: "¡Qué hermosa es! Ésta y aquélla, una y otra. Pero, ¿de dónde habrá sacado esos ojos? ¡Son casi como los otros, como los de Eugenia!"

La moza entró en una casa. Augusto se quedó parado, y se dio cuenta de que la había estado siguiendo. Y como había salido para ir al casino, emprendió de nuevo el camino de este. Y proseguía:

"El otro, es decir su novio, podrá llegar a poseerla materialmente; pero la misteriosa luz espiritual de aquellos ojos es mía, ¡mía! ¿Mía? Sí. Yo por el pensamiento, por el deseo la hago mía. ¿Hay una sola Eugenia, o son dos, una la mía y otra la de su novio? Pues si es así, si hay dos, que se quede él con la suya, y con la mía me quedaré yo."

Se detuvo y se dio cuenta de que había estado siguiendo a otra

---

un haragán persona que evita el trabajo

un soliloquio especie de monólogo, discurso o reflexión en voz alta y sin interlocutor

muchacha. Vaciló un momento, y diciéndose: "¡Cuántas mujeres hermosas hay en este mundo desde que conocí a Eugenia…!", echó a andar de nuevo hacia el casino.

"Si ella se empeña en preferir al otro, soy capaz de una resolución heroica. Que me quiera o no, ¡eso de la hipoteca no puede quedar así!"

Le arrancaron de sus ensoñaciones las alegres carcajadas de un par de muchachas. Clavó sus ojos sedientos★ de belleza en aquella pareja de mozas, y le entraron furiosas ganas de detenerlas, de coger a cada una de un brazo e irse así, en medio de ellas, mirando al cielo, adonde el viento de la vida los llevara. "Pero ¡cuánta mujer hermosa hay desde que conocí a Eugenia! –se decía, siguiendo a aquella pareja."

Se cruzó entonces con Víctor, que venía del casino.

–Pero, hombre, ¿vas despierto o dormido?

–Venía a buscarte. Mira, te hablé de Eugenia, ¿verdad? Pues bien, ¡estoy locamente enamorado de ella! Ayer la vi en su casa…

–Y te miró, ¿no es eso?, ¿y creíste en Dios?

–No, no te rías de mí. Pero no sé lo que me pasa desde entonces: casi todas las mujeres que veo me parecen hermosas, y desde que he salido de casa, en media hora, me he enamorado ya de cuatro, y las he seguido a las cuatro. ¿Qué me pasa?

–Pues eso es, querido Augusto, que tu amor dormía en el fondo de tu alma, llegó Eugenia, la pianista, te sacudió y tu amor se despertó, y como es tan grande, se extiende a todas partes. Cuando alguien como tú se enamora de una mujer se enamora a la vez de todas las demás.

–Pues yo creía que sería todo lo contrario, que cuando uno se enamora de veras es que concentra su amor, antes desparramado★ entre todas, en una sola, y que a partir de entonces todas las demás carecen★ de interés.

---

sediento/a que desea o necesita algo con intensidad   **carecer de algo** no tener algo
desparramado/a dispersado/a, diseminado/a

–No, a ver si logro explicártelo. Tú estabas enamorado, sin saberlo por supuesto, de la mujer, del abstracto, no de ésta ni de aquélla. Al ver a Eugenia, ese abstracto se concretó y la mujer se hizo una mujer y te enamoraste de ella, y ahora la ves, sin dejarla, en casi todas las mujeres, y te enamoras de la colectividad, del género. Has pasado, pues, de lo abstracto a lo concreto y de lo concreto a lo genérico, de la mujer a una mujer y de una mujer a las mujeres.

–¡Vaya una metafísica!

–Además, a mi juicio, estás enamorado de veras, ya lo creo, pero de cabeza sólo. Crees que estás enamorado…

–¿En qué se conoce, dime, que uno está enamorado y no solamente que cree estarlo?

–Mira, más vale que dejemos esto y hablemos de otras cosas…

Cuando luego volvió Augusto a su casa, tomó en brazos a Orfeo y le dijo: "Vamos a ver, Orfeo, ¿en qué se diferencia estar uno enamorado de creer que lo está? ¿Es que estoy yo o no estoy enamorado de Eugenia? ¿Es que cuando la veo no me late el corazón en el pecho y se me enciende la sangre?"

Como la cuestión lo preocupaba, a la hora de cenar le preguntó a Liduvina:

–Di, Liduvina, ¿en qué se conoce que un hombre está de veras enamorado?

–Pues se conoce, señorito, en que hace y dice muchas tonterías. Cuando un hombre se enamora de veras de una mujer, ya no es un hombre…

–Pues, ¿qué es?

–Es… es… una cosa, un animalito… Una hace de él lo que quiere. Pero, ¿está usted de veras enamorado?

Liduvina se calló, y Augusto se dijo: "Tonterías, de las gordas, no he dicho ni hecho todavía ninguna… me parece… ¿Estaré de veras enamorado?"

▶ 5 Augusto volvió a casa de Eugenia. Mientras esperaba solo en la salita sentía una profunda opresión en el pecho, y le entraron ganas de echar a correr, de escaparse. De pronto, se abrió la puerta y apareció Eugenia. El pobre se puso lívido.

–¿Qué le pasa a usted, don Augusto, está malo?

–No, no es nada. Qué sé yo…

–¿Quiere algo?, ¿necesita algo?

–Un vaso de agua.

Eugenia le trajo un vaso de agua, que Augusto se lo bebió tembloroso de un trago, y sin quitar sus ojos de los ojos de Eugenia.

–¡Oh, Eugenia, Eugenia! –exclamó Augusto.

–Va a ser necesario que nos expliquemos. –replicó ella.

Augusto se puso rojo, le ardía la frente. Los ojos de Eugenia se le borraron de la vista y no vio ya nada sino una niebla roja. Casi creyó perder el sentido.

–¡Ten compasión de mí, Eugenia!

–¡Cálmese usted, don Augusto, cálmese!

–Pero, permítame… –y cogió entre sus manos su mano blanca y fría como la nieve, hecha para acariciar las teclas del piano, se la llevó a los labios y la cubrió de besos. De repente, Eugenia, que hasta entonces se había dejado hacer, desprendió su mano de las de él y prosiguió:

–Yo no sé qué género de esperanzas le habrán hecho concebir mis tíos, o más bien mi tía, pero el caso es que me parece que usted está engañado.

–¿Cómo engañado?

–Sí, han debido decirle que tengo novio.

–Lo sé. Pero Eugenia, yo no pretendo nada, no busco nada, nada pido. Me contento con que me deje venir de cuando en cuando a bañar mi espíritu en sus ojos…

–Bueno, bueno, yo no me opongo a que usted venga a que me vea, a que hable conmigo y hasta… ya lo ha visto usted, hasta a que me bese la mano, pero yo tengo un novio, del cual estoy enamorada y con el cual pienso casarme.

–Pero, ¿de veras está usted enamorada de él?

–¡Vaya una pregunta!

–¿Y en qué conoce usted que está enamorada de él? Mi mejor amigo me ha dicho que hay muchos que creen estar enamorados sin estarlo…

–Lo ha dicho por usted, ¿no es eso?

–Sí, por mí lo ha dicho, ¿pues?

–Porque en el caso de usted acaso sea verdad eso…

–Pero, ¿es que cree usted, es que crees, Eugenia, que no estoy de veras enamorado de ti?

En este momento llamaron a la puerta y los tíos entraron en la sala.

–Vino don Augusto a visitaros, salí yo misma a abrirle, quería irse, pero le dije que pasara, que no tardaríais en venir, ¡y aquí está!

–¿Ha tenido usted que esperar mucho, don Augusto? –preguntó doña Ermelinda.

–Sí, tía, y ha sufrido una ligera indisposición…

–Oh, no fue nada, señora, nada…

–Ahora yo les dejo, tengo que hacer –dijo Eugenia, y dando la mano a Augusto se fue.

–¿Y qué, cómo va eso? –preguntó la tía a Augusto tan pronto como Eugenia hubo salido.

–Y, ¿qué es eso?

–¡La conquista, naturalmente!

–¡Mal, muy mal! Me ha dicho que tiene novio y que se va a casar con él.

–Pues ¡no, no y no!, no puede ser. Eso del novio ¡es una locura!

–Pero, señora, ¿y si está enamorada de él…?

–Pues ¡no, no y no! ¿Acaso sabe esa chiquilla lo que se hace…? ¡Despreciarle a usted, don Augusto, a usted! ¡Eso no puede ser!

–Pero, señora, reflexione… no se puede, no se debe violentar así la voluntad de una joven como Eugenia… Se trata de su felicidad, y no debemos todos preocuparnos sino de ella, y hasta sacrificarnos para que la consiga… ¡Yo estoy dispuesto a sacrificarme por la felicidad de su sobrina, porque mi felicidad consiste en que ella sea feliz! He decidido sacrificarme a la felicidad de Eugenia y he pensado en un acto heroico.

–¿Cuál?

–¿No me dijo usted una vez, señora, que la casa que dejó a Eugenia su desgraciado padre está gravada con una hipoteca que se lleva todas sus rentas? Pues bien, ¡yo sé lo que he de hacer! –y se dirigió a la puerta.

–Pero, don Augusto…

–Augusto se siente capaz de las más heroicas determinaciones, de los más grandes sacrificios. Y ahora se sabrá si está enamorado nada más que de cabeza o lo está también de corazón, si es que cree estar enamorado sin estarlo. Eugenia, señores, me ha despertado a la vida, a la verdadera vida, y, sea ella de quien fuere, yo le debo gratitud eterna. Y ahora, ¡adiós!

Comprensión lectora

1 **¿Verdadero (V) o falso (F)? Justifica tus respuestas con las palabras de los personajes o del narrador entre comillas.**

	V	F

A A Eugenia le apasionan la música y su profesión. ☐ ☐

_____

B Eugenia se pone furiosa cuando Augusto menciona el tema de la hipoteca. ☐ ☐

_____

C Don Fermín reprocha a su sobrina su actitud y su fuerte carácter. ☐ ☐

_____

D La actitud insumisa de Eugenia, en vez de disuaderlo, incita a Augusto a conquistarla. ☐ ☐

_____

E Augusto piensa que su vida es absurda, pues no tiene ningún objetivo ni finalidad en ella. ☐ ☐

_____

F Cuando ve a su novio Mauricio, Eugenia le reprocha sobre todo que no busca trabajo. ☐ ☐

_____

G Desde que ha conocido a Eugenia, para Augusto las otras mujeres no existen. ☐ ☐

_____

H Víctor piensa que Augusto no está realmente enamorado, que solamente cree estarlo. ☐ ☐

_____

I Cuando Augusto vuelve a casa de Eugenia para entrevistarse con ella, la joven le da esperanzas, ya que no está segura de sus sentimientos hacia su novio. ☐ ☐

_____

2 **Contesta marcando (✓) la opción correcta.**

1 ¿Qué piensa Augusto de las mujeres?

A ☐ Las mujeres son seres puros y las idealiza.

B ☐ Todas las mujeres son hermosas.

C ☐ Las mujeres son crueles y perversas.

D ☐ A las mujeres sólo les interesa el dinero.

2 ¿Por qué Augusto dice deber gratitud a Eugenia?

A ☐ Ella lo ha salvado de la muerte en un accidente.

B ☐ Eugenia lo ha defendido frente a ciertas acusaciones.

C ☐ Gracias a la joven, ahora es sensible a la belleza femenina.

D ☐ Eugenia conoce un secreto de Augusto pero no lo ha revelado a nadie.

3 En uno de sus soliloquios, Augusto piensa: *"¿Mía? Sí. Yo por el pensamiento, por el deseo la hago mía. ¿Hay una sola Eugenia, o son dos, una la mía y otra la de su novio? Pues si es así, si hay dos, que se quede él con la suya, y con la mía me quedaré yo."* Ya en el primer capítulo, nuestro protagonista decía: *"¡Mi Eugenia, sí, la mía, ésta que me estoy forjando a solas, y no la otra, no la de carne y hueso, no la que vi cruzar por la puerta de mi casa, aparición fortuita, no la de la portera!"* ¿Cómo interpretas estas frases?

A ☐ Eugenia tiene una hermana gemela.

B ☐ Eugenia no existe en realidad, es una pura invención.

C ☐ Augusto es consciente de estar idealizando a Eugenia.

D ☐ Augusto sabe que tendrá que compartirla con su novio.

Vocabulario

3 A Mauricio, el novio de Eugenia, parece ser que no le gusta trabajar. **Marca (✓) el intruso en el siguiente grupo de palabras:**

A ☐ haragán **B** ☐ vago **C** ☐ gandul **D** ☐ zángano **E** ☐ ocioso
F ☐ valiente **G** ☐ perezoso

DELE - Expresión escrita

4 Por el momento, Eugenia no ha contestado a la carta que
Augusto le hizo llegar gracias a la complicidad de la portera.
**Escribe tú imaginando lo que Eugenia podría responderle.
Recuerda que debes incluir la fecha, el lugar, el destinatario,
el remitente, el encabezamiento formal y, al final,
la línea de despedida. Puedes seguir las siguientes pautas:**

- **preséntate**
- **rechaza sus atenciones**
- **explica tus razones**

Estimado señor don Augusto Pérez:

Expresión oral

5 Ahora que Augusto ha descubierto a las mujeres, ¿crees que se
contentará con una sola, con Eugenia, o bien va a convertirse en
un Don Juan? **Argumenta oralmente tu respuesta.**

Gramática

6 La relación entre Eugenia y Mauricio es un poco tensa. ¿Qué crees que pasará con su relación en el futuro?

Para saber cómo podría ser su vida, completa el siguiente texto con los verbos entre paréntesis conjugados en futuro.

Mauricio ha tomado en serio las amenazas de la joven y (ponerse) a _____ a buscar trabajo y lo (encontrar) b _____. Al cabo de cierto tiempo, él y Eugenia (casarse) c_____ y (vivir) d _____ juntos. De su unión (nacer) e _____ muchos hijos. Como Mauricio (ganar) f _____ suficiente dinero, (mantener) g _____ a toda su familia y Eugenia no (tener) h _____ que dar más lecciones de piano. (Ser) i _____ felices... o no.

Imaginemos ahora que Mauricio no reacciona. Todo (seguir) j _____ igual durante algún tiempo, pero Eugenia (tomar) k _____ la decisión de terminar esta relación. (Ellos-enfadarse) l _____, (pelearse) m _____ y (romper) n _____. Probablemente al principio ambos (estar) ñ_____ tristes, pero esto no (durar) o_____ y (rehacer) p_____ sus vidas cada uno por su lado. Y (ser) q_____ felices... o no.

ANTES DE LEER

¡Tienes la palabra!

7 Sabemos que Augusto ha decidido pagar la hipoteca que grava la casa que dejó a Eugenia su desgraciado padre, hipoteca que se lleva todas sus rentas. Pero, ¿por qué habla de "sacrificarse"?

Marca (✓) lo que crees que hará Augusto.

A ☐ Ayudará a Eugenia a casarse con Mauricio.
B ☐ Regalará la casa a Eugenia.
C ☐ Dará toda su fortuna a Eugenia.
D ☐ Se retirará a vivir a un monasterio.

Capítulo 4

Un regalo desinteresado

6   Al día siguiente, la muchacha que planchaba la ropa fue a casa de Augusto. Se quedaron solos y, cuando él la miró, ella, la pobre, sintió que se le encendía el rostro, pues nunca le había ocurrido nada igual en aquella casa en tantas veces como había ido allí. Hasta aquel día, parecía como si Augusto ni siquiera la hubiese visto, como si no se hubiese fijado en ella. ¡Nunca la había mirado como la miraban los otros hombres, devorándola con los ojos!

–¿Qué te pasa, Rosario, porque creo que te llamas así, no?

–Sí, así me llamo.

–Y ¿qué te pasa? Nunca te he visto ponerte así de colorada. Y además me pareces otra.

–El que me parece que es otro es usted…

–Puede ser… Pero ven, acércate. Acércate, así, que te vea bien.

–Pero, ¿es que no me ha visto otras veces?

–Sí, pero no me había dado cuenta de que fueses tan guapa…

–Vamos, vamos, señorito, no se burle… –y le ardía la cara.

–Ven acá, ven. Debes pensar que el señorito Augusto se ha vuelto loco, ¿no es así? Pues no, no es eso. Es que he estado hasta ahora tonto del todo, perdido en una niebla, ciego… No hace sino muy poco tiempo que se me han abierto los ojos. Ya ves, tantas veces como has entrado en esta casa y te he mirado y no te había visto. Es, Rosario, como si no hubiese vivido…

Rosario, que se había sentado en una silla, ocultó la cara en las manos y rompió a llorar. Augusto se levantó, cerró la puerta, se acercó a ella, y poniéndole una mano sobre el hombro le dijo muy bajo:

—Pero ¿qué te pasa, chiquilla, qué es eso?

—Que con esas cosas me hace usted llorar, don Augusto…

—Pues sí, he vivido ciego, tonto, como si no viviera, hasta que llegó una mujer, ¿sabes?, otra, y me abrió los ojos y he visto el mundo, y sobre todo he aprendido a veros a vosotras, a las mujeres…

—Y esa mujer… sería alguna mala mujer…

—¿Mala? ¿Sabes lo que dices, Rosario? ¿Sabes lo que es ser malo? No, no, esa mujer es, como tú, un ángel. Pero esa mujer no me quiere… no me quiere… —y, al decirlo, se le quebró la voz y se le empañaron de lágrimas los ojos.

—¡Ven aquí! —le dijo sentándose.

Ella se levantó como movida por un resorte*, como una hipnótica sugestionada, con la respiración anhelante. Él la cogió, la sentó sobre sus rodillas, la apretó fuertemente contra su pecho, y estalló diciendo:

—¡Ay, Rosario, yo no sé lo que me pasa, yo no sé lo que es de mí! Esa mujer me ha vuelto ciego al darme la vista. Yo no vivía, y ahora vivo; pero ahora que vivo es cuando siento lo que es morir. Tengo que defenderme de esa mujer, tengo que defenderme de su mirada. ¿Me ayudarás tú, Rosario, a defenderme de ella?

Un ¡sí! tenuísimo, con susurro que parecía venir de otro mundo, rozó el oído de Augusto.

—Yo ya no sé lo que me pasa, ni lo que digo, ni lo que hago, ni lo

el resorte muelle

que pienso; yo ya no sé si estoy o no enamorado de esa mujer…

–Y esa mujer, don Augusto… –empezó la pobre chica, temblando entre los brazos de Augusto y con lágrimas en la voz.

–Quita el don y di Augusto, Augusto…

–Y esa mujer, Augusto…

–Esa mujer, Rosario, no me quiere… Pero ella me ha enseñado que hay otras mujeres, por ella he sabido que hay otras mujeres… y alguna podrá quererme… ¿Me querrás tú, Rosario, dime, me querrás tú? –y la apretaba como loco contra su pecho.

–Creo que sí, que le querré…

–¡Que te querré, Rosario, que te querré!

–Que te querré…

–¡Así, Rosario, así! ¡Eh!

En aquel momento se abrió la puerta, apareció Liduvina, y sorprendida por la escena, volvió a cerrarla. Augusto se turbó* mucho más que Rosario, la cual, poniéndose rápidamente en pie, se arregló el pelo y el vestido.

–¿Volverás, eh, volverás? –le preguntó Augusto.

–Sí, volveré.

–¿Y me perdonas todo? Ha sido una locura…

–Yo no tengo nada que perdonarle, señorito. Y lo que debe hacer es no pensar en esa mujer.

–Y tú, ¿pensarás en mí?

–Vaya, tengo que irme.

Arreglaron la cuenta y Rosario se fue. Y entró Liduvina:

–¿No me preguntaba usted el otro día, señorito, en qué se conoce si un hombre está o no enamorado?

–En efecto.

---

turbarse estar en un estado en que uno no acierta a hablar o a proseguir lo que estaba haciendo

–Y le dije en que hace o dice tonterías. Pues bien, ahora puedo asegurarle que usted está enamorado.

–Pero, ¿de quién? ¿De Rosario?

–¿De Rosario…? ¡Quia*! ¡De la otra!

–Y ¿de dónde sacas* eso, Liduvina?

–¡Bah! Usted ha estado diciendo y haciendo a ésta lo que no pudo decir ni hacer a la otra.

–¡Liduvina, Liduvina!

Y fue a acostarse ardiéndole la cabeza. Y al echarse en la cama, a cuyos pies dormía Orfeo, se decía: "¡Ay, Orfeo. El sueño de uno solo es la ilusión, la apariencia; el sueño de dos es ya la verdad, la realidad. ¿Qué es el mundo real sino el sueño que soñamos todos, el sueño común?" Y cayó en el sueño.

Pocos días después de esto entró una mañana Liduvina en el cuarto de Augusto diciéndole que la señorita pianista preguntaba por él.

–Ya sé, señor don Augusto –le dijo solemnemente Eugenia en cuanto le vio–, que ha comprado usted mi deuda a mi acreedor, que está en su poder la hipoteca de mi casa.

–No lo niego.

–Y ¿para qué la ha comprado usted?

–Pues porque me dolía verla depender así de un hombre que sospecho no es más que un traficante sin entrañas.

–Es decir, que usted pretende que dependa yo de usted…

–¡Oh, eso nunca, Eugenia, nunca! Yo no busco que usted dependa de mí. Me ofende usted sólo con suponerlo.

Salió agitadísimo y volvió al poco rato trayendo unos papeles.

–He aquí, Eugenia, los documentos que acreditan su deuda. Tómelos usted y haga de ellos lo que quiera. Renuncio a todo. Para eso lo compré.

¡quia! expresión que se usa para indicar negación u oposición   **sacar** deducir, llegar a una conclusión

–Lo sabía, y por eso le dije que usted pretende hacer que dependa de usted. Me quiere usted ligar por la gratitud*. ¡Quiere usted comprarme! ¡Quiere usted comprar… no mi amor, que ése no se compra, sino mi cuerpo! Y esto es una infamia*.

–¡Eugenia, por Dios, Eugenia!

–No merece usted nada –y Eugenia se levantó–; me voy, pero ¡sepa que no acepto su limosna o su oferta! Trabajaré más que nunca; haré que trabaje mi novio, pronto mi marido, y viviremos. Y en cuanto a eso, quédese usted con mi casa.

–¡Yo no he hecho esto para que usted, ligada por gratitud, acceda a tomarme por marido! ¡Yo renuncio a mi propia felicidad, mejor dicho, mi felicidad consiste en que usted sea feliz y nada más, en que sea usted feliz con el marido que libremente escoja!

–¡Ah, ya caigo*; usted se reserva el papel de heroica víctima, de mártir! Quédese usted con la casa, le digo. Se la regalo.

Y sin mirarle más, aquellos dos ojos de fuego desaparecieron. Augusto se quedó un momento fuera de sí, y una niebla de confusión lo envolvía.

▶ 7   Para despejar la niebla de su cabeza y la de su corazón, decidió ir a echar una partida de ajedrez con Víctor en el casino. Pero, Augusto notó que algo insólito le ocurría a su amigo, pues éste no acertaba ninguna jugada, y estaba malhumorado* y silencioso.

–Víctor, a ti te pasa algo…

–Sí, me pasa una cosa grave y necesito desahogo*. Te lo contaré.

Víctor, aunque el más íntimo amigo de Augusto, le llevaba cinco o seis años de edad y hacía más de doce que estaba casado, pues contrajo matrimonio siendo muy joven. No tenía hijos.

Salieron a la calle, y Víctor comenzó:

---

la gratitud reconocimiento y agradecimiento de un favor que se ha hecho
la infamia indignidad, deshonra

caer (en algo) entender (algo)
malhumorado/a de mal humor
el desahogo alivio de un sentimiento contenido

–Ya sabes, Augusto, que me tuve que casar muy joven…

–¿Que te tuviste que casar?

–Sí, nos casaron nuestros padres, los míos y los de Elena, cuando éramos unos chiquillos. Se enteraron de un desliz* nuestro, y sin esperar a ver si tenía consecuencias o no, nos casaron.

–Hicieron bien.

–No diré yo tanto. Pero en cualquier caso el matrimonio fue para nosotros un juego. Jugábamos a marido y mujer. Éramos y aún somos jóvenes. Pero en lo que menos pensábamos era en constituir un hogar. Pero pasó un año y al ver que no teníamos ningún descendiente empezamos a mirarnos un poco de reojo*, a incriminarnos* mutuamente en silencio. Yo era un hombre ya, tenía más de veintiún años y, francamente, no me resignaba a no ser padre y ser menos que los otros.

–Pero, hombre, ¿qué culpa…?

–Y, es claro, yo, aun sin decírselo, le echaba la culpa a ella creyéndola culpable de que el matrimonio no tuviera hijos. Y ella, por su parte, no me cabía duda, me culpaba a mí… El caso es que nos sentíamos enemigos el uno del otro. El demonio se nos había metido en casa. Y llegaron los reproches mutuos. Pero poco a poco nos calmamos y resignamos, y volvió a reinar en casa no ya la paz, sino hasta la dicha*. Al principio de esta nueva vida lamentábamos alguna que otra vez nuestra soledad, pero muy pronto acabamos no sólo por consolarnos y no echar de menos* a los hijos, sino hasta por compadecer a los que los tienen. Mi mujer y yo nos regíamos por la costumbre. Todo estaba regularizado en nuestra casa, todo, lo mismo que las comidas. A las doce en punto, la sopa en la mesa, y de tal modo, que comemos todos los días casi las mismas cosas, en el mismo orden y en la misma

---

un desliz hecho de mantener relaciones sexuales
de reojo disimuladamente
incriminar acusar

la dicha felicidad
echar de menos notar la falta y sentir pena

cantidad. Aborrezco* el cambio y lo aborrece Elena. Y todo iba muy bien y nosotros contentísimos. En fin, ¡un encanto de vida! Pero ahora… ¿sabes lo que me pasa?

–Hombre, ¿cómo lo he de saber? Como no sea que has dejado encinta a tu mujer…

–Eso, hombre, eso. ¡Figúrate qué desgracia!

–¿Desgracia? ¿Pues no lo deseasteis tanto…?

–Sí, al principio, los dos o tres primeros años. Pero ahora… Ha vuelto el demonio a casa, han vuelto las disensiones*. E igual que antes cada uno de nosotros culpaba al otro de la esterilidad de nuestra unión, ahora cada uno culpa al otro de esto que se nos viene. Y ¡adiós regularidad, adiós comodidad, adiós costumbres!

–Pero ¿ella estará contentísima de ser madre?

–¿Ella? ¡Como yo! Esto es una mala jugada de la Providencia, de la Naturaleza o de quien sea. Si hubiera venido cuando lo esperábamos, si hubiera venido entonces… ¡Pero ahora! Te digo que esto es una burla. ¿A ti te parece bien, al cabo de cerca de doce años, cuando nos iba tan ricamente, que nos ocurra esto? Es claro, ¡vivíamos tan tranquilos, tan seguros, tan confiados…!

–¡Hombre, hombre!

–Elena se resigna a ser madre. Y será buena madre, no me cabe duda de ello. Pero se siente ridícula. No sale de casa, le da vergüenza, se imagina que van a quedarse todos mirándola en la calle.

Callaron los dos amigos, y después de un breve silencio, dijo Víctor antes de que se separaran:

–En fin, Augusto, ¡piénsatelo mucho antes de casarte!

---

aborrecer experimentar sentimientos de desagrado, odio
una disensión desacuerdo, divergencia

Doña Ermelinda tenía aquel día una acalorada conversación con su sobrina:

—¡Querer comprarme a mí!

—Pero si no es eso, Eugenia. Lo ha hecho por generosidad, por heroísmo…

—No, lo suyo es cálculo. ¡Querer comprarme a mí, a mí!

—Ven acá, chiquilla, hablemos fríamente y no digas ni hagas tonterías. Olvida eso. Yo creo que debes aceptarle…

—Pero si no lo quiero, tía…

—¿Y tú qué sabes lo que es querer?

—Quiero a otro…

—¿A ese gandul de Mauricio? ¿A eso le llamas querer? Augusto y sólo Augusto es tu salvación. ¡Tan fino, tan rico, tan bueno…!

—Pero si no lo quiero, ¿cómo he de casarme con él?

—¿Cómo? ¡Casándote! ¿No me casé yo con tu tío…? Cuando me casé, no sé si lo quería; ahora creo que sí, me parece que sí… Mira, eso del amor es una cosa de libros, algo que se ha inventado no más que para hablar y escribir de ello. Tonterías de poetas. Y si no te aprovechas de una ocasión como esta que se te presenta luego te arrepentirás. Todo lo que te digo y aconsejo es por tu bien…

—Sí, por mi bien… ¡Querer comprarme a mí! Los hombres, tía, ya lo voy viendo, son unos groseros, unos brutos, carecen de delicadeza. No saben hacer ni un favor sin ofender.

—¿Todos?

—Brutos, todos brutos, brutos todos.

—¿Y ese novio tuyo? Si te quisiera, hace tiempo que habría buscado trabajo.

—Es verdad, tiene el defecto que usted dice, tía, es holgazán, pero acaso es por eso por lo que le quiero. Estoy aún más decidida a casarme con Mauricio...

–Y ¿de qué vais a vivir, desgraciada?

–¡De lo que yo gane! Trabajaré, y más que ahora.

–Pero entonces, ¡dependerá de ti! ¡Eso se llama comprar a un hombre!

–¿No ha querido un hombre, con su capital, comprarme? Pues ¿qué tiene de extraño que yo, una mujer, quiera, con mi trabajo, comprar a un hombre?

–Todo esto que estás diciendo, chiquilla, se parece mucho a eso que tu tío llama feminismo.

–No sé, ni me importa saberlo. Pero le digo a usted, tía, que todavía no ha nacido el hombre que me pueda comprar a mí.

En este punto de la conversación entró la criada a anunciar que don Augusto esperaba a la señora. Eugenia se fue, ya que no quería verlo. Cuando Augusto se encontró ante doña Ermelinda, empezó a darle sus excusas. Estaba, según decía, profundamente afectado, Eugenia no había sabido interpretar sus verdaderas intenciones. Él había cancelado formalmente la hipoteca de la casa y ésta se encontraba legalmente libre de toda carga y en poder de su dueña. Además, él renunciaba a sus pretensiones a la mano de Eugenia y sólo quería que ésta fuese feliz; hasta estaba dispuesto a buscar una buena colocación a Mauricio para que no tuviese que vivir de las rentas de su mujer.

–¡Tiene usted un corazón de oro! –exclamó doña Ermelinda.

–Ahora sólo falta, señora, que convenza a su sobrina de cuáles han sido mis verdaderas intenciones, y que si lo de deshipotecar la casa fue una impertinencia me la perdone. Pero me parece que no es cosa de volver atrás. Si ella quiere, seré yo padrino de la boda. Y luego emprenderé un largo y lejano viaje...

Comprensión lectora

1 **Contesta marcando (✓) la opción correcta.**

1 Cuando Rosario, la muchacha del planchado, llega un día a su casa, Augusto advierte que hay un cambio. ¿Cuál?

A ☐ Rosario lleva un vestido nuevo.

B ☐ La chica ha cambiado de peinado.

C ☐ Ella parece estar radiante, como si estuviera enamorada.

D ☐ Augusto se da cuenta de que es guapa.

2 De repente, ¿qué reacción insólita tiene Augusto con la planchadora?

A ☐ Se pone de rodillas y le pide la mano.

B ☐ La abraza con fuerza y le suplica que lo quiera.

C ☐ Se pone a bailar.

D ☐ Empieza a insultarla y pegarla.

3 Tras sorprenderlos en tal situación embarazosa, ¿cómo interpreta la cocinera la escena?

A ☐ Piensa que Augusto ya no está enamorado de Eugenia, y ahora lo está de Rosario.

B ☐ Para ella, Augusto hace una transferencia de los sentimientos que tiene por Eugenia hacia la planchadora.

C ☐ Prefiere no pensar nada.

D ☐ Piensa que está loco.

4 Un día Eugenia llega a casa de Augusto. Al enterarse de que él ha comprado su deuda de la casa, ¿cómo reacciona ella?

A ☐ Está llena de gratitud y no sabe qué hacer para agradecérselo.

B ☐ Se indigna y reprocha a Augusto lo que ha hecho

C ☐ La noticia la deja fría, completamente indiferente.

D ☐ Siente vergüenza.

5 Augusto da a Eugenia los documentos que acreditan que la casa vuelve a ser de ella. ¿Qué hace ella?

A ☐ Acepta el regalo.

B ☐ Rechaza el regalo.

C ☐ No da ninguna respuesta por el momento.

D ☐ Rompe el documento en mil pedazos.

2 Augusto ha cancelado formalmente la hipoteca de la casa.

Marca (✓) las intenciones que declara tener:

A ☐ Desaparecer y que nunca vuelvan a oír hablar de él.

B ☐ Renunciar a la mano de la joven.

C ☐ Dejar que la pianista sea feliz con quien ella decida.

D ☐ Ayudar al novio de Eugenia a encontrar un trabajo.

E ☐ Dar una renta a la joven pareja.

F ☐ Ser el padrino de boda de Eugenia y Mauricio.

Gramática

3 Augusto habla a Rosario de una manera muy autoritaria.

Conjuga los verbos entre paréntesis en imperativo afirmativo o negativo, y tendrás algunas de las órdenes que Augusto ha dado a la planchadora (a la que tutea).

A (acercarse) _____, que te vea bien.

B (quedarse) _____ ahí, de pie.

C (moverse) No _____. Así.

D (sentarse) _____ en mis rodillas.

E (estar) No _____ triste.

F (llorar) No _____, Rosario.

G (decir) _____me, ¿me quieres?

H (querer) _____me.

I (perdonar) _____me por todo.

J Y ahora (salir) _____ de aquí.

K (irse) _____.

L Pero (volver) _____ otro día, por favor.

M (pensar) _____ en mí.

N (olvidar) No me _____.

Vocabulario

4 **Completa el texto a partir de las definiciones, y recuerda así el motivo del furor de Eugenia cuando se entera de que Augusto ha comprado la hipoteca.**

Usted pretende hacer que dependa de usted. Me quiere usted ligar por la a_____. ¡Quiere usted comprarme! ¡Quiere usted comprar no mi b_____, que ése no se compra, sino mi c_____! Y esto es, aunque usted no lo crea, un d_____. ¡No acepto su e_____ o su oferta! Quédese usted con mi f_____.	**A:** Sentimiento del que agradece un favor o beneficio. **B:** Sentimiento de afecto y cariño que una persona siente hacia otra, unido a veces a una atracción sexual. **C:** Conjunto de cabeza, tronco y extremidades del hombre. **D:** Acción, conducta o actitud que ofende, y en particular palabras agresivas. **E:** Dinero u otra cosa que se da a los pobres por caridad. **F:** Edificio en que vive un individuo o una familia.

Comprensión auditiva

5 Augusto y su amigo juegan una partida de ajedrez, pero Víctor está silencioso y de mal humor. Luego le cuenta a Augusto su historia. **Vuelve a escuchar el diálogo ▶ 7 entre los dos e indica si es verdadero (V) o falso (F).**

		V	F
A	Víctor y Elena se conocieron siendo muy jóvenes, casi niños.	☐	☐
B	Tuvieron relaciones sin estar casados.	☐	☐
C	Sus padres no se enteraron de lo que habían hecho.	☐	☐
D	Un año después de la boda todavía no tenían hijos, y empezaron a preocuparse.	☐	☐
E	Nunca se resignaron al hecho de no tener hijos.	☐	☐
F	Todo iba muy mal hasta que Elena descubrió que estaba embarazada.	☐	☐

Expresión oral

6 **Explica la diferencia que existe entre un matrimonio por amor, que es lo que desea hacer Eugenia, y un matrimonio de conveniencia, lo que le incita a hacer su tía.**

ANTES DE LEER

¡Tienes la palabra!

7 **Selección múltiple.**

Augusto anuncia a la tía de Eugenia que va a emprender un largo y lejano viaje. Pero no piensa viajar solo.
¿A quién crees que va a proponer acompañarlo?

☐ Víctor ☐ Domingo ☐ Don Fermín, el tío de Eugenia ☐ Mauricio
☐ Eugenia ☐ doña Ermelinda, la tía de Eugenia ☐ Liduvina
☐ Rosario ☐ Margarita, la portera

8 Augusto ha decidido pues viajar.

Marca (✓) lo que crees que pasará:

A ☐ Gracias al viaje, Augusto conseguirá olvidar a Eugenia.

B ☐ Dará la vuelta al mundo para descubrir la belleza de las mujeres de todas las razas y continentes, y conocer así a la Mujer universal.

C ☐ Decidirá renunciar a su proyecto de viaje.

D ☐ Debido a las circunstancias, Augusto nunca realizará este viaje.

E ☐ Durante este viaje Augusto encontrará la muerte.

9 ¿Qué importancia puede tener en el futuro el hecho de que Víctor tenga un hijo?

Marca (✓) lo que crees que pasará:

A ☐ Todo seguirá igual que antes.

B ☐ La paternidad va a cambiar la manera que tiene Víctor de ver las cosas.

C ☐ Augusto no verá más a su amigo, ya que éste estará demasiado ocupado con el niño.

Capítulo 5

La confusión de los sentimientos

–Eres imposible, Mauricio –le decía Eugenia a su novio en la portería–, y si no haces algo para buscarte una colocación* y que podamos casarnos, soy capaz de cualquier disparate*.

–¿De qué disparate? Vamos, di.

–Mira, si quieres, nos casamos así y yo seguiré trabajando para los dos.

–Pero, ¿y qué dirán de mí, si acepto semejante cosa?

–¿Y a mí qué me importa lo que digan de ti? Lo que yo quiero es que esto se acabe cuanto antes… Y si no te decides soy capaz de aceptar el sacrificio de don Augusto…

–¿De casarte con él?

–¡No, eso nunca! De recobrar mi finca*.

–Pues ¡hazlo, rica*, hazlo! Si esa es la solución y no otra… Pero ven acá…

–Vamos, déjame, Mauricio. Estate quieto. Y te repito que si no te das prisa en buscar trabajo, soy capaz de aceptar eso.

–Pues bien, Eugenia, ¿quieres que te hable con el corazón en la mano, la verdad, toda la verdad? Yo te quiero mucho, estoy completamente chalado por ti, pero eso del matrimonio me da un miedo atroz. Yo nací haragán por temperamento, no te lo niego; lo que más me molesta es tener que trabajar, y preveo que si nos casamos, voy a tener que trabajar,

---

una colocación empleo, trabajo
un disparate acción sin sentido

una finca una propiedad inmueble
rico/a se aplica a las personas para llamarlas cariñosamente

y de firme, porque la vida es cara. Y eso de aceptar el que seas tú la que trabaje, ¡eso, nunca! Mauricio Blanco Clará no puede vivir del trabajo de una mujer. Pero hay acaso una solución que sin tener que trabajar ni tú ni yo se arregle todo… Pues… ¿me prometes, chiquilla, no incomodarte?

–¡Anda, habla!

–Por todo lo que yo sé y lo que te he oído, ese pobre don Augusto es un panoli, un pobre diablo*. Y acaso lo mejor sea no sólo que aceptes lo de la casa, sino que lo aceptes a él por marido.

–¿Eh? –y se puso ella en pie.

–Lo aceptas, y como es un pobre hombre, pues… todo se arregla… Él paga, y nosotros…

–¡Basta!

Y Eugenia salió, con los ojos hechos un incendio y diciéndose: "Pero, ¡qué brutos! Jamás lo hubiera creído… ¡Qué brutos!" Y al llegar a su casa se encerró en su cuarto y rompió a llorar. Y tuvo que acostarse presa de una fiebre.

Mauricio se quedó un breve rato indeciso, pero pronto encendió un cigarrillo, salió a la calle y le echó un piropo* a la primera moza que pasó a su lado.

▶ 8   Augusto hablaba en el casino con su amigo de unas cosas y otras, cuando Víctor le dijo de pronto:

–Estoy escribiendo una novela para olvidar los quebraderos de cabeza* que me da el embarazo de mi mujer.

–Así pues, ¿te has metido a escribir una novela? ¿Y cuál es su argumento, si se puede saber?

–Mi novela no tiene argumento, o mejor dicho, será el que vaya saliendo. El argumento se hace él solo.

–¿Y cómo es eso?

---

un pobre diablo hombre infeliz, desgraciado   **un quebradero de cabeza** un problema
un piropo expresión para elogiar la belleza de alguien

–Pues mira, un día de estos que no sabía bien qué hacer, pero sentía ansia de hacer algo, una comezón* muy íntima, un escarabajeo* de la fantasía, me dije: voy a escribir una novela, pero voy a escribirla como se vive, sin saber lo que vendrá. Me senté, cogí unas cuartillas y escribí lo primero que se me ocurrió, sin saber lo que seguiría, sin plan alguno. Mis personajes se irán haciendo según obren y hablen, sobre todo según hablen; su carácter se irá formando poco a poco. No sé. Irá saliendo. Yo me dejo llevar.

–¿Y hay psicología?, ¿descripciones?

–Lo que hay es diálogo, sobre todo diálogo. Lo importante es que los personajes hablen, que hablen mucho, aunque no digan nada. A la gente le gusta la conversación por la conversación, aunque no diga nada. Hay quien no resiste un discurso de media hora y se está tres horas charlando en un café. Es el encanto de la conversación, de hablar por hablar.

–También a mí el tono de discurso me carga…

–Y sobre todo que parezca que el autor no dice las cosas, que no nos molesta con su personalidad, con su yo. Aunque, por supuesto, todo lo que digan mis personajes lo digo yo…

–Eso hasta cierto punto… Empezarás creyendo que los llevas tú, de tu mano, y es fácil que acabes convenciéndote de que son ellos los que te llevan. Es muy frecuente que un autor acabe por ser juguete de sus ficciones…

–Tal vez, pero el caso es que en esa novela pienso meter todo lo que se me ocurra.

–Pues acabará no siendo una novela.

–No, será… será… una nivola.

–Y ¿qué es eso, qué es una nivola?

---

una comezón inquietud producida por el deseo de algo y que produce desasosiego   **un escarabajeo** falta de tranquilidad o de serenidad

–Mi novela no va a ser novela, sino… ¿cómo dije?, un navilo… un nebulo, no, una nivola, eso es, ¡una nivola! Así nadie tendrá derecho a decir que deroga las leyes de su género… Invento el género, y le doy las leyes que me place*. ¡Y mucho diálogo!

–¿Y cuando un personaje se queda solo?

–Entonces… un monólogo. Y para que parezca algo así como un diálogo invento un perro a quien el personaje se dirige.

–¿Sabes, Víctor, que se me antoja* que me estás inventando?…

–¡Puede ser!

Al separarse de Víctor, Augusto iba diciéndose: "Y mi vida, ¿es novela, es nivola o qué es? Todo esto que me pasa y que les pasa a los que me rodean, ¿es realidad o es ficción? ¿No es acaso todo esto un sueño de Dios o de quien sea, que se desvanecerá en cuanto Él despierte? ¿Es por ello que todas las religiones le rezan y le elevan cánticos e himnos a Dios, para adormecerlo, para que no despierte y deje de soñarnos? ¡Ay, mi Eugenia! Y mi Rosarito…"

–Señorito –le dijo Liduvina cuando llegó a casa–, le aguarda* Rosarito con la plancha.

–Buenas tardes, don Augusto –exclamó Rosario con voz serena y clara apenas lo vio.

–¿Necesitas algo?

–No, creí que querría usted decirme algo…

Hubo un instante embarazoso, preñado* de un inquieto silencio.

–Lo que quiero, Rosario, es que olvides lo del otro día, que no vuelvas a acordarte de ello, ¿entiendes?

–Bueno, como usted quiera…

–Sí, aquello fue una locura… no sabía bien lo que me hacía ni lo que decía… como no lo sé ahora… –y se iba acercando a la chica.

---

placer gustar, agradar

antojarse considerar como probable o sospechoso

aguardar esperar

preñado/a lleno/a, cargado/a

Ésta lo esperaba tranquilamente y como resignada. Augusto se sentó en un sofá, la llamó, le dijo que se sentara, como la otra vez sobre sus rodillas. Ella temblaba toda como la hoja de un chopo.

–¿Tiemblas, chiquilla…?

–¿Yo? Yo no. Me parece que es usted…

–No tiembles, cálmate.

–No vuelva a hacerme llorar…

–¡Cálmate!, ¡cálmate!

–¿Y aquella mujer…? –logró preguntar Rosario, apoyando la cabeza en el pecho de Augusto y tragándose sus sollozos.

–Ah, ¿te acuerdas? Pues aquella mujer ha acabado por rechazarme del todo. Nunca la gané, pero ¡ahora la he perdido del todo!

Augusto se levantó y empezó a pasearse por la estancia. Pero al volver la vista a ella vio que la pobre muchacha estaba alterada y temblorosa. Comprendió que se encontraba sola y sin amparo, y Augusto volvió a sentarse, volvió a sentarla sobre sí, la ciñó* con sus brazos y la apretó contra su pecho.

–Voy a emprender un viaje –anunció Augusto. Y después de un silencio, preguntó ¿Me acompañarás?

–Como usted quiera…

Una niebla invadió la mente de Augusto; la sangre empezó a latirle en las sienes, sintió una opresión en el pecho. Y empezó a besar a Rosarito en los ojos, que los tuvo que cerrar. De pronto se levantó y dijo dejándola:

–¡Déjame!, ¡déjame!, ¡tengo miedo!

–¿Miedo de qué?

–Tengo miedo, no sé de quién, de ti, de mí; ¡de lo que sea! –la repentina serenidad de la chica lo había asustado aún más– Vete, vete, pero volverás, ¿verdad?

---

ceñir rodear apretando

–Cuando usted quiera.

–Y me acompañarás en mi viaje, ¿no es así?

–Como usted mande*…

–¡Vete, vete ahora!

Augusto se abalanzó sobre la pobre chica, que se había ya puesto en pie, la cogió, la apretó contra su pecho, juntó sus labios secos a los labios de ella y así, sin besarla, se estuvo un rato. Y luego la soltó: "¡Anda, vete!"

Apenas Rosario había salido, Augusto se sumió en sus pensamientos, de los que lo sacaron unos lametones que sintió en la mano: "Ah, Orfeo, ¿estás aquí? Pensaba en Rosarito… ¿Crees que he turbado la tranquilidad de su espíritu? Y viendo como me habla de "aquella mujer", ¿debe de sentir celos, verdad? Probablemente son los celos los que nos revelan el amor. Por muy enamorada que esté una mujer de un hombre, o un hombre de una mujer, no se dan cuenta de que lo están, no se dicen a sí mismos que lo están, es decir, sólo se enamoran de veras cuando él ve que ella mira a otro hombre o ella lo ve a él mirar a otra mujer. Si no hubiese más que un solo hombre y una sola mujer en el mundo, sería imposible que se enamorasen uno de otro. Bah, todo eso del amor es una mentira más. Pero… vamos, Orfeo, vamos a cenar. ¡Esto sí que es verdad!"

▶ 9   A los dos días le anunciaron a Augusto que una señora deseaba verle y hablarle. Salió a recibirla y se encontró frente a doña Ermelinda:

–¿Usted por aquí? –le preguntó Augusto.

–¡Como no ha querido volver a vernos…!

–Usted comprende, señora, que después de lo que me ha pasado en su casa las dos últimas veces que he ido, la una con Eugenia a solas y la otra cuando no quiso verme, no puedo volver por allí…

–Traigo una misión para usted de parte de Eugenia…

mandar ordenar

–¿De ella?

–Sí, de ella. Yo no sé qué ha podido ocurrirle con el novio, pero no quiere oír hablar de él, está furiosa contra él, y el otro día, al volver a casa, se encerró en su cuarto y se negó a cenar. Tenía los ojos encendidos de haber llorado, pero con lágrimas de rabia... Y me estuvo repitiendo su estribillo de que los hombres son ustedes todos unos brutos. Y ha estado estos días de morro*, con un humor de todos los diablos. Hasta que ayer me llamó, me dijo que estaba arrepentida de cuanto le había dicho a usted, que se había excedido y sido injusta con usted, que reconoce la nobleza de las intenciones de usted y que quiere no ya que usted le perdone aquello que le dijo de que la quería comprar, sino que no cree semejante cosa, que lo dijo por despecho*, pero que no porque lo creyera realmente...

–La perdono, sí, la creo...

–Después me rogó que averiguase si a usted le molestaría que ella aceptase el regalo que usted le ha hecho de su propia casa... Dice que está dispuesta, para demostrarle su buena voluntad y lo sincero de su arrepentimiento por lo que le dijo, a aceptar su generosa donación, pero sin que eso implique ningún compromiso...

–¿Qué compromiso, señora? ¡Me está usted ofendiendo!

–Será sin intención...

–Hay ocasiones en que las peores ofensas son las que se infligen sin intención.... ¡Las mayores groserías son las llamadas involuntarias!

–¡No se exalte usted así, don Augusto...!

–¡Como no he de exaltarme, señora! ¿Es que esa... muchacha se va a burlar de mí y va a querer jugar conmigo? –y al decir esto se acordaba de Rosarito.

–¡Por Dios, don Augusto, por Dios...!

---

de morro enfadado

el despecho resentimiento o enfado que se siente ante algún desengaño o menosprecio

—Ya le he dicho que he cancelado la hipoteca, y que si ella no quiere hacerse cargo de* su casa, yo nada tengo que ver con ella. ¡Y que me lo agradezca o no, ya no me importa!

—Pero, don Augusto, ¡no se ponga así! ¡Si lo que ella quiere es hacer las paces con usted, que vuelvan a ser amigos…!

—Sí, ahora que ha roto con el otro, ahora se trata de pescarme, ¿no?

—¡Yo no he dicho tal cosa!

—No, pero lo adivino.

—Pues se equivoca usted de medio a medio*. Porque precisamente después de haberme mi sobrina dicho todo lo que acabo de repetirle a usted, cuando le aconsejé yo que, puesto que había reñido* con el gandul de su novio, procurase reconquistarlo, me dijo una y cien veces que eso no, que le estimaba y apreciaba a usted para amigo, pero que no le gustaba como marido, que quería casarse sólo con un hombre de quien estuviese enamorada…

—Y que de mí no podrá llegar a estarlo, ¿no es eso?

—No, tanto como eso no dijo…

—¡Sí! Usted viene no sólo a que yo perdone a esa… muchacha, sino a ver si accedo a pretenderla como mujer, ¿no es eso?

—¡Le juro que no!

—Pues entonces, diga a su sobrina que acepto sus explicaciones, que se las agradezco profundamente, que seguiré siendo su amigo, un amigo leal y noble, pero sólo amigo, ¿eh? Yo no soy un piano en que se puede tocar cuando a uno se le antoja*, no soy un hombre de hoy te dejo y mañana te tomo, ¡no soy plato de segunda mesa!

—¡No se exalte usted así! Y… ¿vendrá pronto a vernos?

—No lo sé. Es que pienso emprender un viaje largo y lejano…

Se separaron, y cuando doña Ermelinda llegó a casa y contó a su

hacerse cargo de ocuparse de
de medio a medio completamente, totalmente
reñir pelearse y romper una relación

antojarse desear con vehemencia alguna cosa, especialmente por puro capricho

sobrina la conversación con Augusto, Eugenia se dijo: "Aquí hay otra, no me cabe duda; ahora sí que lo reconquisto."

Augusto, por su parte, al quedarse solo, se puso a pasearse por la habitación diciéndose: "Quiere jugar conmigo... me deja, me toma, me volverá a dejar... Diga lo que quiera, está buscando que yo vuelva a solicitarla, quizás para vengarse, tal vez para dar celos al otro... Como si yo fuese un muñeco, un don nadie... ¡Y yo soy yo! ¡Yo soy yo! No niego que le debo a ella, a Eugenia, el haber despertado mi facultad amorosa; pero una vez que me la despertó y suscitó, no necesito ya de ella; lo que sobran son mujeres."

Y siguió diciéndose: "Ella, Eugenia, me ha bajado del abstracto al concreto, pero ella me llevó al genérico, y hay tantas mujeres apetitosas... ¡tantas Eugenias!, ¡tantas Rosarios! No, no, conmigo no juega nadie, y menos una mujer. ¡Yo soy yo!" Y sintiendo en esta exaltación de su yo como si este se le fuera hinchando en su interior, salió a la calle.

Apenas pisó la calle y se encontró con el cielo sobre la cabeza y las gentes que iban y venían, cada cual a lo suyo, y que no se fijaban en él, ni le hacían caso, porque no lo conocían sin duda. Y sintió que su yo se le iba encogiendo en el cuerpo. Y es que sólo a solas se sentía él; sólo a solas podía decirse a sí mismo, tal vez para convencerse, "¡Yo soy yo!". Ante los demás, entre la muchedumbre atareada o distraída que iba y venía sin percatarse* de él, no se sentía a sí mismo.

percatarse percibir, darse cuenta

Comprensión lectora

1 **Contesta marcando (✓) la opción correcta.**

1 Hablando con Mauricio, Eugenia le dice que es capaz de aceptar la proposición de Augusto. ¿A qué se refiere?

A ☐ al matrimonio

B ☐ a la casa

C ☐ a una relación platónica

D ☐ a ser su amante

2 Los dos novios riñen porque Mauricio:

A ☐ No quiere ni oír hablar de matrimonio.

B ☐ Mira a todas las mujeres y hace todo para darle celos a Eugenia.

C ☐ Es infiel y tiene amantes.

D ☐ Le insinúa a Eugenia que se case con Augusto, pero que se sigan viendo.

3 A la pregunta de si le acompañará en su viaje, Rosario:

A ☐ Acepta.

B ☐ Rechaza.

C ☐ No contesta nada.

D ☐ Dice que se lo va a pensar.

4 Doña Ermelinda acude a casa de Augusto. ¿Cuál es su principal propósito?

A ☐ Transmitir las disculpas de su sobrina.

B ☐ Convencerlo de que se case con ella.

C ☐ Comunicarle que Eugenia está dispuesta a aceptar la casa.

D ☐ Ordenarle que no se acerque nunca más a su casa.

5 ¿Cuál es la principal ventaja de inventar un género literario, según Víctor?

A ☐ Pasar a la posteridad.

B ☐ Poder hacer realmente lo que el autor quiere.

C ☐ No hay ninguna ventaja.

D ☐ Ganar mucho dinero

2 ¿Qué características tiene la *nivola*, ese nuevo género literario que ha inventado Víctor para designar su obra, según sus propias palabras?

Lee las siguientes afirmaciones e indica si son verdaderas (V), falsas (F) o son aspectos que Víctor no evoca (?):

		V	F	?
A	No hay plan preestablecido, el autor escribe sin reflexionar.	☐	☐	☐
B	La historia tiene que ser verosímil, lo que no implica forzosamente que sea realista.	☐	☐	☐
C	Existe una unidad de tiempo, espacio y asunto.	☐	☐	☐
D	La *nivola* cuenta siempre con una exposición, un nudo y un desenlace.	☐	☐	☐
E	El final tiene que ser abierto.	☐	☐	☐
F	Desde el principio cada personaje tiene una psicología determinada.	☐	☐	☐
G	No hay diálogos o muy pocos.	☐	☐	☐
H	Los diálogos que haya tienen que ser necesariamente densos y profundos	☐	☐	☐
I	No debe haber ningún monólogo.	☐	☐	☐
J	El narrador habla en primera persona, y puede ser un narrador protagonista o un narrador testigo.	☐	☐	☐
K	Hay un autor omnipresente que interviene constantemente.	☐	☐	☐

Expresión escrita

3 **Justifica los enunciados escribiendo entre comillas los fragmentos del texto que prueban lo dicho.**

1 Tras la ruptura, Mauricio se queda tranquilo.

_____

2 Eugenia vive mal la ruptura.

_____

Gramática

4 Doña Ermelinda da a su sobrina varios consejos calculadores e interesados. **Si quieres saber cuáles, completa el texto eligiendo los verbos adecuados y conjugándolos en condicional.**

agradecer • pedir • intentar • ofrecer • ir • casarse • aceptar • ver • decir

Yo en tu lugar, esto es lo que haría:

ₐ_____ a su casa para disculparme.

Le ᵦ_____ que estaba arrepentida de cuanto le había dicho y le ₒ_____ perdón. ₐ_____su regalo y le ₑ_____ su generoso gesto.

A cambio, le f_____ únicamente mi amistad.

Pero en realidad g_____ reconquistarlo.

Y luego h_____ con él.

Más tarde, una vez casados, ya ᵢ_____ si me enamoraba de él o no...

Vocabulario

5 **Selección múltiple.**

"Por muy enamorada que esté una mujer de un hombre, o un hombre de una mujer, no se dan cuenta de que lo están, no se dicen a sí mismos que lo están, es decir, sólo se enamoran de veras cuando él ve que ella mira a otro hombre o ella lo ve a él mirar a otra mujer."

¿A qué sentimiento se refiere este fragmento?

☐ codicia ☐ rencor ☐ cariño ☐ admiración ☐ celos ☐ odio
☐ venganza ☐ pasión ☐ amor ☐ cólera ☐ tristeza ☐ culpa
☐ lástima ☐ miedo ☐ envidia

¡Tienes la palabra!

6 ¿Por qué crees que Eugenia desea reconciliarse con Augusto?
Marca (✓) el o los que consideras su(s) principal(es) motivo(s).

A ☐ Eugenia desea simplemente recuperar la casa que fue de sus padres.

B ☐ Eugenia desea dar celos a Mauricio.

C ☐ La pianista quiere conquistar a Augusto para casarse con él y asegurarse un bienestar material.

D ☐ La muchacha quiere vengarse de Augusto, pues considera que éste la ha insultado y humillado.

Expresión escrita

7 En este capítulo, Augusto piensa: *"Y mi vida, ¿es novela, es nivola o qué es? Todo esto que me pasa y que les pasa a los que me rodean, ¿es realidad o es ficción? ¿No es acaso todo esto un sueño de Dios o de quien sea, que se desvanecerá en cuanto Él despierte?"*

¿Tú crees que se trata sólo de una elucubración del protagonista o bien que esto que podríamos llamar una intuición o sospecha se convertirá más adelante en una temática importante de la obra?
Argumenta tu opinión.

_____

_____

_____

_____

_____

_____

_____

Capítulo 6

Estudios de mujeres

Emprendería el viaje, ¿sí o no? Ya lo había anunciado, primero a Rosarito, sin saber bien lo que se decía, por decir algo, o más bien como un pretexto para preguntarle si le acompañaría en él, y luego a doña Ermelinda, para probarle… ¿qué?, ¿qué es lo que pretendió probarle con aquello de que iba a emprender un viaje? ¡Lo que fuese! Pero el caso era que había dicho dos veces que iba a emprender un viaje largo y lejano, y él era hombre de carácter, ¿tenía que ser hombre de palabra? Los hombres de palabra no se rectifican ni se vuelven atrás de lo que han dicho. Y él dijo que iba a emprender un viaje largo y lejano. ¡Un viaje largo y lejano! ¿Por qué?, ¿para qué?, ¿cómo?, ¿adónde?

Liduvina le anunció que una señorita, la pianista, deseaba verlo. Su primer impulso fue mandar que le dijeran que no estaba en casa. "Viene a conquistarme, a jugar conmigo como con un muñeco…" Luego lo pensó mejor. "Hay que reconocer que es toda una mujer, que es todo un carácter… Pero no, ¡hay que mostrarse fuerte!" Cuando Augusto entró en la sala, Eugenia estaba de pie, y el pobre hombre se sintió desarmado y sin saber qué decir. Se sentaron los dos, y siguió un brevísimo silencio.

–No haga usted caso de lo que le dije, don Augusto. ¡Lo pasado, pasado! Pero yo quiero que no dé a mi aceptación de su generoso

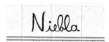

donativo* otro sentido que el que tiene.

–Como yo deseo, señorita, que no dé a mi regalo otra significación que la que tiene.

–¿Estamos, pues, de acuerdo?

–De perfecto acuerdo, señorita.

–Y así, ¿podremos volver a ser amigos, verdaderos amigos?

–Podremos –le dijo Eugenia tendiéndole su fina mano. Seremos, pues, amigos don Augusto, buenos amigos, aunque esta amistad a mí…

–¿A usted qué? Explíquese más claro, señorita. No vale decir las cosas a medias.

–Pues bien, don Augusto, ¿cree usted que es fácil que, después de lo pasado y sabiendo, como ya se sabe entre nuestros conocimientos*, que usted ha deshipotecado mi patrimonio regalándomelo y que yo he aceptado ese regalo, es fácil que haya alguien que me pretenda?

"¡Esta mujer es diabólica!", pensó Augusto, y bajó la cabeza mirando al suelo sin saber qué contestar. Cuando, al instante, la levantó vio que Eugenia se enjugaba una furtiva lágrima.

–¡Eugenia! –exclamó, y le temblaba la voz. Pero, ¿y qué quieres que hagamos? ¡Mira, Eugenia, por Dios, que no juegues así conmigo! Eres tú, que me traes y me llevas y me haces dar vueltas; eres tú, que me vuelves loco…

Y le echó el brazo al cuello, la atrajo a sí y la apretó contra su seno. Y ella tranquilamente se quitó el sombrero.

–Sí, Augusto, ni tú puedes aparecer queriéndome comprar como yo en un momento de ofuscación* te dije, ni yo puedo aparecer haciendo de ti un sustituto, un plato de segunda mesa, como le dijiste a mi tía, y queriendo no más que premiar tu generosidad…

–Pero, ¿y qué nos importa, Eugenia mía, el aparecer de un modo o de otro?, ¿a qué ojos?

---

un donativo cosa que se da, regalo
los conocimientos personas con las que se tiene trato y relación

la ofuscación confusión de las ideas, imposibilidad de pensar con claridad

–¡A los mismos nuestros!

–¿Y qué?, Eugenia mía...

Volvió a apretarla a sí y empezó a llenarle de besos la frente y los ojos. Se oía la respiración de ambos.

–¡Déjame! –dijo ella– Pero, ¿no habíamos quedado, Augusto, en que seríamos amigos, buenos amigos, pero nada más que amigos?

–Sí, pero... ¿Y aquello de tu sacrificio? ¿Aquello de que por haber aceptado mi regalo y ser amiga mía, no vas a tener más pretendientes?

–¡Ah, eso no importa. ¡Tengo tomada mi resolución!

En este momento llamaron a la puerta.

–¡La Rosario le espera! –dijo la voz de Liduvina.

Augusto cambió de color, y se puso lívido.

–¡Ah! –exclamó Eugenia–, aquí estorbo* ya. Es la... Rosario que le espera a usted. ¿Ve usted cómo no podemos ser más que buenos amigos, muy buenos amigos?

–Pero Eugenia... Me rechazaste, Eugenia, diciéndome que te quería comprar aunque en verdad fuese porque tenías otro. ¿Qué iba a hacer yo luego que al verte aprendí a querer?

–Augusto, volveremos a vernos, pero conste que lo pasado, pasado. La Rosario espera...

–Por Dios, Eugenia...

–No, si nada de extraño tiene; también a mí me esperaba en un tiempo el... Mauricio. Volveremos a vernos.

Se puso el sombrero, tendió su mano a Augusto que, cogiéndosela, se la llevó a los labios y la cubrió de besos, y la acompañó hasta la puerta. Al volver y al ver a Rosario allí de pie, con la cesta de la plancha, le dijo bruscamente:

–¿Qué hay?

estorbar molestar, estar de más

–Me parece, don Augusto, que esa mujer le está engañando a usted…

–Y a ti, ¿qué te importa?

–Me importa todo lo de usted.

–¿Me vas a hacer creer que después de las esperanzas que te he hecho concebir no estás celosa?

–Si usted supiera, don Augusto, cómo me he criado y en qué familia, comprendería que aunque soy una chiquilla, estoy ya fuera de esas cosas de celos. Nosotras, las de mi posición…

–¡Cállate!

–Como usted quiera. Pero le repito que esa mujer le está a usted engañando.

–¡Ven acá! –y cogiéndola con sus dos manos de los hombros, la puso cara a cara consigo y se le quedó mirando a los ojos– La verdad es, chiquilla, que no te entiendo. Yo no sé si lo tuyo es inocencia, malicia, burla, precoz perversidad…

–No es más que cariño.

–¿Cariño?, ¿y por qué?

–¿Quiere usted saber por qué?, ¿me promete no ofenderse si se lo digo?

–Anda, dímelo.

–Pues bien, por… porque es usted un infeliz, un pobre hombre…

–¿También tú?

–Como usted quiera. Pero fíese de mí. Más leal a usted… ¡ni Orfeo!

–¿Siempre? ¿Pase lo que pase?

–Sí, pase lo que pase.

Y se despidieron. Y al quedarse solo, se decía Augusto: "Entre una y otra me van a volver loco de atar… Yo ya no soy yo… Pero, cuando un hombre está enamorado de dos o más mujeres a la vez, ¿qué debe hacer?"

Conversando más tarde con Víctor en el casino, Augusto le preguntó:

–Y bien, ¿qué?, ¿cómo habéis recibido a la criatura?

–¡Ah, nunca lo hubiese creído! Todavía la víspera de su nacimiento, nuestra irritación era grandísima. Pero nació y todo ha cambiado. Parece como si hubiésemos despertado de un sueño y como si acabáramos de casarnos. Yo me he quedado ciego, ese chiquillo me ha cegado. Tan ciego estoy, que todos dicen que mi Elena ha quedado con el embarazo y el parto* desfiguradísima, que está hecha un esqueleto y que ha envejecido lo menos diez años, y a mí me parece más fresca, más lozana*, más joven y hasta más metida en carnes* que nunca. Quizás sea verdad, pero no me he dado cuenta de eso que dicen de que se ha desfigurado y afeado, como no se da uno mismo cuenta de que se desfigura, se envejece y se afea*.

–Pero ¿crees de veras que uno no se da cuenta de que se envejece y afea?

–No, aunque lo diga. Si la cosa es continua y lenta… Lo que siente uno es que envejecen las cosas alrededor de él. Y eso es lo único que siento ahora al tener un hijo. Porque ya sabes lo que suelen decir los padres señalando a sus hijos: "¡Éstos son los que nos hacen viejos!" Ver crecer al hijo es lo más dulce y lo más terrible, creo. No te cases, pues, Augusto, si quieres gozar de la ilusión de una juventud eterna.

–Y ¿qué voy a hacer si no me caso?, ¿en qué voy a pasar el tiempo?

–Dedícate a filósofo.

–Y ¿no es acaso el matrimonio la mejor, tal vez la única escuela de filosofía?

▶ 10   Al llegar a casa, el pobre Augusto estaba consternado. No era sólo que se encontrase entre Eugenia y Rosario; era que aquello de enamorarse de casi todas las que veía, en vez de disminuir, iba en aumento. Apoyó los codos sobre la mesa, la cabeza en las palmas de las manos, y se dijo: "¡Esto es verdaderamente terrible! ¡Vamos, que esto es una locura! Esto es terrible, terrible…"

---

el parto acción de dar nacimiento a un niño
lozano/a de aspecto joven, sano y fuerte

metido/a en carnes algo grueso/a, sin llegar a ser obeso/a
afearse volverse feo/a

"Ven acá, Orfeo –prosiguió, cogiendo al perro–, ¿qué crees tú que debo yo hacer? ¿Cómo voy a defenderme de esto hasta que al fin me decida y me case? ¡Ah, ya! ¡Una idea, una idea luminosa, Orfeo! Convirtamos a la mujer en materia de estudio. ¿Qué te parece si me dedico a la psicología femenina? Sí, sí, y haré dos monografías, una se titulará: Eugenia, y la otra: Rosario, añadiendo: estudio de mujer ¿Qué te parece mi idea, Orfeo?"

Y decidió ir a consultarlo con Antolín S. Paparrigópulos, que por entonces se dedicaba a estudios de mujeres, aunque más en los libros que no en la vida.

Paparrigópulos era lo que se dice un erudito. Las dos obras magnas que proyectaba Paparrigópulos eran una historia de los escritores oscuros españoles, de aquéllos que no figuran en las historias literarias corrientes o figuran sólo en rápida mención por la supuesta insignificancia de sus obras, para corregir así la injusticia de los tiempos; y su otra obra trataba de aquéllos cuyas obras se han perdido sin que nos quede más que la mención de sus nombres y, a lo sumo*, la de los títulos de las que escribieron. Y estaba a punto de acometer la historia de aquéllos otros quienes, habiendo pensado escribir, no llegaron a hacerlo.

Últimamente, a consecuencia –se decía– de unas calabazas*, se dedicaba al estudio de mujeres españolas de los pasados siglos.

No era Paparrigópulos uno de esos jóvenes espíritus vagabundos y erráticos que se pasean sin rumbo fijo por los dominios del pensamiento y de la fantasía, ¡no! Era riguroso y disciplinado, y de aquéllos que van a alguna parte.

Paparrigópulos no había publicado nada ni lo ha publicado todavía, pero Augusto había tenido noticia de los estudios de mujeres a que se dedicaba por amigos comunes de uno y de otro.

---

a lo sumo como máximo   **las calabazas** rechazo que se hace a un pretendiente

Fue a este erudito solitario que por timidez de dirigirse a las mujeres en la vida y para vengarse de esa timidez las estudiaba en los libros, que es, tratándose de ellas, lo menos expuesto*, y de mujeres de pasados siglos, que son también mucho menos expuestas para quien las estudia que las mujeres de hoy, a quien acudió a ver Augusto para que le aconsejara.

No bien le hubo expuesto su propósito prorrumpió el erudito:

–¡Ay, pobre señor Pérez, cómo le compadezco a usted! ¿Quiere estudiar a la mujer? Tarea le mando…

–Como usted la estudia…

–Hay que sacrificarse. El estudio oscuro, paciente, silencioso, es mi razón de ser en la vida. Pero yo, ya lo sabe usted, soy un modesto, modestísimo obrero del pensamiento, que acopio* y ordeno materiales para que otros que vengan detrás de mí sepan aprovecharlos. La obra humana es colectiva…

–Sí, pero, ¿qué opina usted de la psicología femenina? –le preguntó Augusto.

–Una pregunta así, tan vaga, tan genérica, tan en abstracto, no tiene sentido preciso para un modesto investigador como yo, amigo Pérez… Esa pregunta carece de sentido preciso para mí. El contestarla exigiría…

–No, no siga usted, amigo Paparrigópulos, y dígame lo más concretamente que sepa y pueda qué piensa de la psicología femenina.

–Habría que empezar por plantear una primera cuestión y es la de si la mujer tiene alma.

–¡Hombre!

–Ah, no sirve desecharla así, tan rotundamente…

–Bueno, pues de lo que en las mujeres hace las veces de alma… ¿qué cree usted?

expuesto/a peligroso/a, arriesgado/a
acopiar reunir, recolectar

–¿Me promete usted, amigo Pérez, guardarme el secreto de lo que le voy a decir? Pues bien, le diré que he encontrado en un oscuro y casi desconocido escritor holandés del siglo XVII una interesantísima teoría respecto al alma de la mujer. Dice ese escritor que así como cada hombre tiene su alma, las mujeres todas no tienen sino una sola y misma alma, un alma colectiva, repartida entre todas ellas. Y añade que las diferencias que se observan en el modo de sentir, pensar y querer de cada mujer provienen solamente de las diferencias del cuerpo, debidas a la raza, el clima, la alimentación, etc., y que por eso son tan insignificantes. Las mujeres, dice ese escritor, se parecen entre sí mucho más que los hombres, y es porque todas son una sola y misma mujer…

–¡Ve ahí por qué, amigo Paparrigópulos, así que me enamoré de una, me sentí en seguida enamorado de todas las demás!

–¡Claro está! Y añade ese interesantísimo y casi desconocido autor que la mujer tiene mucha más individualidad, pero mucha menos personalidad, que el hombre; cada una de ellas se siente más ella, más individual, que cada hombre, pero con menos contenido. Por eso, amigo Pérez, lo mismo da que estudie usted a una mujer o a varias. La cuestión es ahondar en aquélla a cuyo estudio usted se dedique.

–Y ¿no sería mejor tomar dos o más para poder hacer un estudio comparativo?

–En efecto, la ciencia es comparación; pero tratándose de mujeres no es necesario comparar. Quien conozca bien a una sola, las conoce todas, conoce a la Mujer. Además, ya sabe usted que todo lo que se gana en extensión se pierde en intensidad.

–En efecto, y yo deseo dedicarme al cultivo intensivo y no al extensivo de la mujer. Pero dos por lo menos… por lo menos dos…

–¡No, dos no, de ninguna manera! De no contentarse con una, que yo creo es lo mejor y es bastante tarea, por lo menos tres. La dualidad no cierra.

–¿Cómo que no cierra la dualidad?

–Claro está. Con dos líneas no se cierra espacio. Con tres, con un triángulo, sí. Por lo menos tres. Pero dos no, ¡nunca! Pero, siga mi consejo, ahonde* usted en una sola…

–Tal es mi propósito.

---

ahondar profundizar

Comprensión lectora

1 **Contesta marcando (✓) la opción correcta.**

1 Eugenia acude a casa de Augusto para:

A ☐ mostrarle su gratitud y sellar su amistad.

B ☐ pedirle dinero.

C ☐ quejarse del acoso a que la somete Augusto.

D ☐ exigirle que salga de su vida.

2 Según Eugenia, aceptar el regalo de Augusto puede suponer un inconveniente para ella. ¿Cuál?

A ☐ Eugenia estará ligada a Augusto el resto de su vida.

B ☐ Esto va a provocar un escándalo y su reputación quedará manchada.

C ☐ Ella no va a tener más pretendientes.

D ☐ Estaría obligada a casarse con él.

3 Rosario cree que la pianista:

A ☐ Lo ama apasionadamente.

B ☐ Es la mujer que le conviene.

C ☐ Lo está engañando.

D ☐ Está completamente loca.

4 La planchadora Rosario le dice a Augusto que le tiene cariño. ¿Cuál es la causa de este cariño?

A ☐ Considera a Augusto como un hermano.

B ☐ Augusto inspira simpatía.

C ☐ Augusto ha hecho mucho para ayudarla.

D ☐ Augusto le da pena.

5 Augusto decide dedicarse a la psicología femenina y decide consultarlo a un erudito. ¿Qué curiosa teoría sobre el alma de la mujer le cuenta Paparrigópulos a Augusto?

A ☐ Las mujeres no tienen alma.

B ☐ Su alma no es inmortal.

C ☐ Las mujeres tienen un alma colectiva.

D ☐ Tienen un alma gemela.

2 **¿Quién ha dicho qué? Indica si quien pronuncia las siguientes frases es Augusto (A), Eugenia (E) o Rosario (R):**

A _____: ¡Lo pasado, pasado!

B _____: Yo quiero que no dé a mi aceptación de su generoso donativo otro sentido que el que tiene.

C _____: Eres tú, que me traes y me llevas y me haces dar vueltas; eres tú, que me vuelves loco...

D _____: ¡Déjame! Pero, ¿no habíamos quedado, Augusto, en que seríamos amigos, buenos amigos, pero nada más que amigos?

E _____: Me parece, don Augusto, que esa mujer le está engañando a usted...

F _____: La verdad es, chiquilla, que no te entiendo. Yo no sé si lo tuyo es inocencia, malicia, burla, precoz perversidad...

Expresión oral

3 *Augusto está confuso: "Pero, cuando un hombre está enamorado de dos o más mujeres a la vez, ¿qué debe hacer?"*

Di qué piensas tú de este tema, de si es posible estar enamorado de más de una persona a la vez.

Gramática

4 **Completa el siguiente monólogo con los verbos entre paréntesis conjugados en presente de subjuntivo, y conocerás lo que podría decir Augusto a su amigo Víctor sobre su mujer ideal.**

¿Eugenia? ¿Rosario? Víctor, tú me aconsejas que (casarse) a _____, pero no es fácil encontrar a la mujer adecuada... Ando buscando una chica que (ser) b _____ natural, sincera, y que me (decir) c _____ lo que siente y piensa. También es importante que (tener) d _____ mucho sentido del humor, que me (hacer) e _____ reír. Quiero una mujer que me (respetar) f _____. Pero lo más importante es que me (saber) g _____ amar, que me (entregar) h _____ su corazón, que me (dar) i _____ su cariño. Debe ser alguien que me (querer) j _____ como soy y por lo que soy. Aunque no estoy seguro de que esta mujer (existir) k _____...

Vocabulario

5a **Completa el encasillado con la ayuda de las definiciones y sabrás lo que es un fogueteiro.**

1 Población pequeña.

2 Privado del sentido de la vista.

3 Contrario de mentira.

4 Parte delantera de la cabeza del hombre.

5 Situación en que se encuentra una persona o una cosa.

6 Sustantivo de bello.

7 Que ha contraído matrimonio.

8 Narración de hechos fabulososo imaginarios que se transmite de generación en generación.

9 Alabanzas de las cualidades o los méritos de algo.

10 Enterarse de algo que se ignoraba.

11 Mezcla explosiva utilizada para hacer fuegos artificiales.

5b **Completa el texto con las palabras del encasillado y conocerás la leyenda que Víctor le cuenta a Augusto para explicarle que continúa viendo a su mujer tan hermosa o aún más que antes tras el parto.**

Cuenta una $_8$_____ la historia de un *fogueteiro* que vivía en un $_1$_____ portugués y estaba $_7$_____ con una mujer de extraordinaria $_6$ _____, de la que gustaba alabar sus excelencias. Un día, tras una explosión de $_{11}$ _____ mientras preparaba unos fuegos artificiales, el $_4$ _____ de su esposa queda totalmente desfigurado y él quedó $_2$ _____. A causa de su ceguera, el *fogueteiro* no advirtió el $_5$ _____ en que ella había quedado, y convencido de que su mujer seguía siendo la misma, continuaba interpelando a sus amigos siempre del mismo modo: "¿Han visto ustedes mujer más hermosa?", a lo que sus amigos, para no $_{10}$ _____ al pobre hombre la horrenda $_3$_____, continuaban dedicándole $_9$_____.

Expresión escrita

6 Augusto había previsto pues hacer un estudio sobre Eugenia y otro sobre Rosario.

Escribe a continuación todo lo que sabes de cada una de estas mujeres.

A Eugenia: _____

_____

_____

B Rosario: _____

_____

_____

ANTES DE LEER

¡Tienes la palabra!

7 En su última entrevista hay una evolución en la actitud de Eugenia en relación con Augusto.

Marca (✓) lo que crees que está pasando:

A ☐ Eugenia, al ir conociendo a Augusto, ha cambiado sus sentimientos hacia él.

B ☐ Todo es una estrategia para pescarlo, haciéndole culpabilizar de modo que Augusto se sienta obligado a casarse con ella.

C ☐ Eugenia desea únicamente ofrecer su amistad a Augusto sin segundas intenciones.

D ☐ La actitud de Eugenia no ha cambiado en absoluto.

8 **Selección múltiple.**

El erudito Paparrigópulos aconseja a Augusto que estudie a tres mujeres. Augusto pensaba ya dedicar un estudio a Eugenia y otro a Rosario. ¿Quién podría ser la tercera mujer?

A ☐ su madre **B** ☐ Liduvina, su cocinera

C ☐ doña Ermelinda, la tía de Eugenia **D** ☐ Margarita, la portera

E ☐ una mujer cualquiera encontrada al azar en la calle

Capítulo 7

El pescador pescado

Cuando Augusto salió de su entrevista con Paparrigópulos iba diciéndose: "De modo que tengo que renunciar a una de las dos o buscar a una tercera. Aunque para esto del estudio psicológico bien me puede servir de tercer término de comparación, Liduvina. Tengo, pues, tres: Eugenia, que me habla a la imaginación, a la cabeza; Rosario, que me habla al corazón, y Liduvina, mi cocinera, que me habla al estómago. Y cabeza, corazón y estómago son las tres facultades del alma que otros llaman inteligencia, sentimiento y voluntad. Se piensa con la cabeza, se siente con el corazón y se quiere con el estómago…"

"¡Acabo de tener una idea luminosa! –prosiguió pensando– Voy a fingir que pretendo de nuevo a Eugenia, voy a solicitarla de nuevo, a ver si me admite de novio, de futuro marido, claro que sólo para probarla, como un experimento psicológico y seguro como estoy de que ella me rechazará… Después de lo pasado, después de lo que en nuestra última entrevista me dijo, no es posible ya que me admita. Es una mujer de palabra, creo. Mas, ¿es que las mujeres tienen palabra? Pero, ¡no! Eugenia no puede admitirme. No me quiere y aceptó ya mi regalo. Y si aceptó mi regalo y lo disfruta, ¿para qué va a quererme?"

"Pero… –pensó luego– ¿Y si me acepta? ¡En ese caso me fastidia, me pesca con mi propio anzuelo! ¡Eso sí que sería el pescador pescado! Pero no, ¡no puede ser! ¿Y si es? ¡Ah! entonces no queda sino resignarse. ¿Resignarse? Sí, resignarse. Hay que saber resignarse a la buena fortuna. Y si Eugenia me dice que sí, entonces... Pero ¡no, no! No me aceptará, aunque sólo sea por salirse con la suya*. Una mujer como Eugenia no da su brazo a torcer*; la Mujer, cuando se pone frente al Hombre a ver cuál es de más tesón* y constancia en sus propósitos, es capaz de todo. ¡No, no me aceptará!"

–Rosarito le espera –anunció Liduvina.

Cuando Rosario entró, le preguntó Augusto:

–Di, Rosario, ¿crees que una mujer debe guardar la palabra que dio o que no debe guardarla?

–No recuerdo haberle dado a usted palabra alguna...

–No se trata de eso, sino de si debe o no una mujer guardar la palabra que dio... ¿qué crees tú?

–Pues yo no entiendo de esas cosas... pero si usted se empeña, le diré que lo mejor es no dar palabra alguna.

–¿Y si se ha dado?

–No haberlo hecho.

11 Entonces Augusto decidió poner en juego la psicología, y llevar a cabo un experimento.

–¡Ven acá, siéntate aquí! –y le ofreció sus rodillas.

Ella obedeció tranquilamente y sin inmutarse. Augusto en cambio se quedó confuso y sin saber por dónde empezar su experiencia psicológica. Y como no sabía qué decir, pues apretaba a Rosario contra su pecho anhelante y le cubría la cara de besos. De pronto se detuvo, pareció calmarse, apartó a Rosario y le dijo de repente:

---

salirse con la suya conseguir lo que se propone, hacer su voluntad

no dar su brazo a torcer mantenerse firme en una decisión, no ceder

el tesón constancia, perseverancia, tenacidad

–Pero, ¿no sabes que quiero a otra mujer?

Rosario se calló, mirándole fijamente y encogiéndose de hombros.

–¿Y a mí qué me importa eso ahora…?

–¿Cómo que no te importa?

–¡Ahora, no! Ahora me quiere usted a mí, me parece.

–Y a mí también me parece, pero…

Y entonces ocurrió algo que no entraba en sus previsiones, en su programa de experiencia psicológica sobre la Mujer, y es que Rosario, bruscamente, le enlazó los brazos al cuello y empezó a besarle. Apenas si el pobre hombre tuvo tiempo para pensar: "Ahora soy yo el experimentado; esta mozuela está haciendo estudios de psicología masculina." Y sin darse cuenta de lo que hacía, se sorprendió acariciando con las temblorosas manos las pantorrillas de Rosario.

Augusto se levantó de pronto, y echó a Rosario en el sofá. Ella se dejaba hacer, con el rostro encendido. Y él, sujetándole los brazos con sus dos manos, se la quedó mirando a los ojos.

–¡No los cierres, Rosario, ábrelos! Déjame que me vea en ellos, tan chiquitito…

Y al verse a sí mismo en aquellos ojos como en un espejo vivo, sintió que la primera exaltación se le iba templando*.

–Déjame que me vea en ellos como en un espejo… Sólo así, viéndome en ojos de mujer, llegaré a conocerme…

Rosario pensaba: "Este hombre no me parece como los demás. Debe de estar loco."

–Y ahora, Rosario, perdóname –exclamó Augusto apartándose.

–¿Perdonarle?, ¿por qué?

Y había en la voz de la pobre Rosario más miedo que otro sentimiento. Sentía deseos de huir, y le brotaron unas lágrimas.

---

templarse moderarse

–¿Lo ves? –le dijo Augusto– Sí, perdóname, Rosarito, no sabía lo que me hacía. Y ahora, ¡vete!

–¿Me echa usted?

–No, me defiendo. ¡No te echo, no! Si quieres, me iré yo y te quedas aquí tú, para que veas que no te echo.

"Decididamente, no está bueno.", pensó ella y sintió lástima de él.

–Vete, y no me olvides, ¿eh? No olvides al pobre Augusto.

La abrazó y le dio un largo beso en la boca. Al salir la muchacha le dirigió una mirada llena de un misterioso miedo.

A Augusto le iba volviendo la exaltación. Llamó a Liduvina y al verla ante él, tan serena, tan rolliza, sonriendo maliciosamente, fue tan insólito el sentimiento que le invadió, que le dijo: "¡Vete, vete!", temiendo un momento no poder contenerse y asaltar a Liduvina.

Luego ya se calmó. "¿Estaré bien de la cabeza?", pensaba Augusto. "¿Estaré de veras loco? Y, aunque lo esté, ¿qué?"

"Lo que he hecho con Rosario –se decía– ha sido ridículo. ¿Qué habrá pensado de mí? ¡Pobrecilla! Pero… ¡con qué ingenuidad se dejaba hacer! Es un ser fisiológico, nada más que fisiológico, sin psicología alguna. Es inútil, pues, tomarla de conejilla de Indias o de ranita para experimentos psicológicos." Después de haberse desahogado con estas meditaciones, se sintió ya tranquilo.

Augusto fue a ver a Víctor, a conocer al hijo de éste, a ser testigo de la nueva felicidad de aquel hogar, y de paso a consultar con él sobre el estado de su espíritu. Y al encontrarse con su amigo a solas, le dijo:

–¿Y de aquella novela o… ¿cómo era?… ¡ah, sí, nivola!… que estabas escribiendo? ¿Supongo que ahora, con lo del hijo, la habrás abandonado?

–Pues supones mal. Precisamente porque ahora soy padre, he vuelto a ella. Y en ella desahogo el buen humor que me llena.

–¿Querrías leerme algo de ella?

Sacó Víctor las cuartillas* y empezó a leer por aquí y por allá a su amigo.

–Pero, ¡hombre! –exclamó Augusto– Ahí hay cosas que rayan en lo pornográfico y hasta a veces pasan de ello…

–¿Pornográfico? ¡De ninguna manera! Lo que hay aquí son crudezas, pero no pornografías. Lo que hay es realismo…

–Realismo, sí, y además cinismo…

–Pero el cinismo no es pornografía. Estas crudezas son un modo de excitar la imaginación para conducirla a un examen más penetrante de la realidad de las cosas. Son crudezas… pedagógicas.

–Y algo grotescas…

–En efecto, no te lo niego. Siento afición por la bufonería.

–La risa por la risa misma me da grima*, y hasta miedo. La risa no es sino la preparación para la tragedia. A mí esas bufonadas crudas me producen un detestable efecto.

–Porque, Augusto, eres, entiéndeme bien, un solitario… Y yo las escribo para curar… No, no, no las escribo para nada, sino porque me divierte escribirlas, y si divierten a los que las lean me doy por pagado. Pero si a la vez logro con ellas poner en camino de curación a algún solitario como tú…

–A propósito, Víctor…

–Sí, ya sé lo que vas a decirme. Venías a consultarme sobre tu estado, que desde hace algún tiempo es verdaderamente alarmante, ¿no es eso?

–Sí, eso es.

–Lo adiviné. Pues bien, Augusto, cásate y cásate cuanto antes.

–Pero ¿con cuál?

–Cásate con una cualquiera de las de que estás enamorado, con la

---

una cuartilla hoja de papel   **dar grima** producir irritación o disgusto

que tengas más a mano. Y sin pensarlo demasiado. Ya ves, yo me casé sin pensarlo, nos tuvieron que casar.

–Es que ahora me ha dado por dedicarme a las experiencias de psicología femenina.

–La única experiencia psicológica sobre la Mujer es el matrimonio. El que no se casa, jamás podrá experimentar psicológicamente el alma de la Mujer. El único laboratorio de psicología femenina es el matrimonio. Cásate, pues, si quieres saber psicología.

–Sí, pero… ¡me asaltan tantas dudas!

–Mejor. ¿Dudas?, luego piensas. ¿Piensas?, luego eres.

–Sí, dudar es pensar.

–Y pensar es dudar y nada más que dudar. Imaginar también es dudar. Suelo dudar lo que les he de hacer decir o hacer a los personajes de mi nivola, y aun después de que les he hecho decir o hacer algo dudo de si estuvo bien y si es lo que en verdad les corresponde…

Mientras Augusto y Víctor sostenían esta conversación nivolesca, yo, el autor de esta nivola, que tienes, lector, en la mano y estás leyendo, me sonreía enigmáticamente al ver que mis nivolescos personajes estaban abogando* por mí y justificando mis procedimientos, y me decía a mí mismo: "¡Cuán lejos estarán estos infelices de pensar que no están haciendo otra cosa que tratar de justificar lo que yo estoy haciendo con ellos! Así, cuando uno busca razones para justificarse, no hace en rigor* otra cosa que justificar a Dios. Y yo soy el Dios de estos dos pobres diablos nivolescos."

Augusto se dirigió a casa de Eugenia dispuesto a tentar* la última experiencia psicológica, la definitiva, aunque temiendo que ella lo rechazase. Y se encontró con ella en la escalera, que bajaba para salir.

–¿Usted por aquí, don Augusto?

abogar actuar en favor de alguien defendiéndolo
en rigor en realidad, estrictamente

tentar intentar

—Eugenia, quería hablar con usted, pero dejémoslo para otro día.

—No, no, volvamos. Las cosas en caliente.

Y obligó a Augusto a que subiese con ella. El pobre hombre, que había ido con aires de experimentador, se sentía ahora rana.

—Bien, sepamos qué es lo que tenía que decirme.

—Pues… pues… –y el pobre Augusto balbuceaba*– Que no puedo descansar, Eugenia. Que les he dado mil vueltas en el magín* a las cosas que nos dijimos la última vez que hablamos, y que a pesar de todo ¡no puedo resignarme!

—Y ¿a qué no puede usted resignarse?

—Pues, ¡a esto, Eugenia, a que no seamos más que amigos!

—¿Y qué quiere usted?

—¡Que seamos… marido y mujer!

—¿Y aquella palabra que me dio usted?

—No sabía lo que me decía.

—Y la Rosario aquella…

—¡Oh, por Dios, Eugenia, no me recuerdes eso!, ¡no pienses en la Rosario!

Entonces Eugenia volvió a sentarse y luego pausadamente y con solemnidad dijo:

—Pues bien, Augusto, ya que tú, que al fin y al cabo eres un hombre, no te crees obligado a guardar la palabra, yo que no soy nada más que una mujer tampoco debo guardarla. Lo que no hizo la gratitud por tu desprendimiento ni hizo el despecho de lo que me pasó con Mauricio –ya ves si te soy franca– lo hace la compasión. ¡Sí, Augusto, me das pena, mucha pena!

—¡Eugenia! –y le tendió los brazos como para cogerla.

—¡Eh, cuidadito! –exclamó ella apartándoselos.

---

balbucear hablar de manera dificultosa, vacilante, entrecortada

el magín imaginación, inteligencia

—Pues la otra vez... la última vez...

—¡Sí, pero entonces era diferente!

"Estoy haciendo de rana", pensó el psicólogo experimental.

—Sí —prosiguió Eugenia—, a un amigo, nada más que amigo, se le pueden permitir ciertas pequeñas libertades que no se deben otorgar* al... novio! Y ahora voy a llamar a mi tío para anunciarle la noticia.

—¡Es verdad! —exclamó Augusto, consternado.

Al momento llegó don Fermín.

—Mire usted, tío —le dijo Eugenia—, aquí tiene usted a don Augusto Pérez, que ha venido a pedirme la mano. Y yo se la he concedido.

—¡Enhorabuena! —exclamó don Fermín— ¡Ven acá, hija mía, que te abrace! Don Augusto, desde hoy esta casa es su casa.

En aquel momento llamaron a la puerta y entró la tía.

—¿Así que es cosa hecha? Esto ya me lo sabía yo...

Augusto pensaba: "¡Rana, rana completa! Y me han pescado entre todos."

Empezó entonces para Augusto una nueva vida. Casi todo el día se lo pasaba en casa de su novia. ¿Y Rosario? Rosario no volvió por su casa. La siguiente vez que le llevaron la ropa planchada fue otra la que se la llevó. Y no se atrevió a preguntar por qué no venía ya Rosario. ¿Para qué, si lo adivinaba?

Una vez le dijo a Eugenia:

—Me gustaría que tocases un poco el piano

—Pero ya sabes, Augusto, que desde que dejé mis lecciones, no he vuelto a tocar el piano y que lo aborrezco.

—No importa, tócalo, Eugenia.

—¡Sea, pero por única vez!

Eugenia se sentó a tocar el piano y cuando terminó, exclamó:

---

otorgar dar, conceder

–Mira, Augusto, después de que nos casemos, yo no quiero pianos en mi casa, ¿sabes? Ni pianos ni perros. Conque* ya puedes ir pensando lo que has de hacer de Orfeo…

–Pero, ¡Eugenia, por Dios!, ¡si ya sabes cómo le encontré, pobrecillo!, ¡si es además mi confidente…!

–Cuando nos casemos, ¡el perro estará de más!

–Por Dios, Eugenia. ¿Por qué no quieres el perro?

A esa pregunta ella no contestó…

Otro día le dijo Eugenia a Augusto:

–Augusto, tengo que hablarte de una cosa grave, y te ruego que me perdones de antemano si lo que voy a decirte…

–¡Por Dios, Eugenia, habla!

–¿Recuerdas aquel novio que tuve, Mauricio? Pues, aún me persigue.

–¡Ah, como yo le coja!

–No te alarmes, Augusto, que ahora Mauricio no me persigue con las intenciones que tú crees, sino para que le busque una colocación cualquiera o un modo de vivir y dice que me dejará en paz. Y si no…

–Si no…

–Amenaza con perseguirme para comprometerme…

–¡Desvergonzado*!, ¡bandido!

–No te exaltes. Lo mejor es quitárnoslo de en medio buscándole una colocación que le dé para vivir y que sea lo más lejos posible.

–Acaso tengas razón, Eugenia. Y mira, creo que podré arreglarlo todo. Mañana mismo hablaré a un amigo mío y le buscaremos ese empleo.

Y, en efecto, pudo encontrarle el empleo y conseguir que lo destinasen bastante lejos.

---

conque así que, por lo tanto   **un desvergonzado** persona sin dignidad

Comprensión lectora

1 **¿Verdadero (V) o falso (F)? Justifica tus respuestas citando el texto.**

		V	F
A	En el marco de su experimentación, Augusto pretende reconquistar a Eugenia.	☐	☐
B	Augusto está convencido de que Eugenia lo aceptará.	☐	☐
C	En el transcurso de su estudio psicológico de a mujer con Rosario, ésta reacciona de una manera insólita y que Augusto no había previsto.	☐	☐
D	Augusto acude a casa de Eugenia para pedir a ésta en matrimonio.	☐	☐
E	Eugenia rechaza a Augusto cuando éste le pide la mano.	☐	☐
F	Eugenia le ha tomado mucho cariño a Orfeo, el perro de Augusto.	☐	☐
G	Mauricio, el antiguo novio de Eugenia, se ha puesto en contacto con ella para reconquistarla.	☐	☐

2 **Contesta marcando la opción correcta.**

1 Mauricio quiere que Eugenia lo ayude a encontrar un trabajo, si no amenaza con:

A ☐ llevarla ante los tribunales.
B ☐ ponerla en una situación delicada.
C ☐ matarla.
D ☐ matar a Augusto.

2 Víctor lee algunas hojas de su nivola a Augusto. Éste reacciona con cierta indignación.

Indica cuáles de las siguientes características disgustan a Augusto en la obra de su amigo:

a ☐ realista **b** ☐ triste **c** ☐ incoherente **d** ☐ pedagógica
e ☐ cruda **f** ☐ grotesca **g** ☐ romántica **h** ☐ cínica
i ☐ demasiado larga **j** ☐ pornográfica

Gramática

3 Rosario le explica a una amiga suya, planchadora también, lo que le ha ocurrido en casa de Augusto. **Completa el texto siguiente poniendo el verbo entre paréntesis en imperfecto de subjuntivo para saber lo que le aconseja esta amiga.**

¿Y tú dejaste que lo (hacer) a _____, que (mirarse) b _____ en tus ojos como en un espejo? Pero, ¿está loco o qué?

¿Y dices que al final te pidió que lo (perdonar) c _____? ¿Y que no lo (olvidar) d _____?

La verdad, yo no sé qué (haber) e _____ hecho en tu lugar...

En cualquier caso, yo no le permitiría que me (tratar) f _____ así, como si (jugar) g _____ con un juguete.

¡Ay, Rosario, si no (ser) h _____ tan sumisa y (saber) i _____ de vez en cuando decir no!

Mira, si alguien me (hablar) j _____ así, yo no lo obedecería, de eso estoy segura.

No me gustaría trabajar para alguien que no (estar) k _____ bien de la cabeza! Y ese Augusto, entre nosotras, no está bien de la cabeza... Tendría miedo de que (poder) l _____ ser peligroso...

De verdad, si (encontrarse) m _____ en tu misma situación, creo que iría a denunciarlo a la policía...

Vocabulario

4 Completa el encasillado con la ayuda de las definiciones y obtendrás la palabra que designa una persona o cosa con la que se experimenta algo.

1 ☐ Mamífero roedor más pequeño que el conejo, con orejas cortas y casi sin cola.

2 ☐ Mamífero muy ágil, que tiene la cara desprovista de pelo, capaz de andar a cuatro patas o erguido.

3 ☐ Mamífero herbívoro cuadrúpedo que se suele emplear como montura o como animal de tiro.

4 ☐ Anfibio de cabeza grande y ojos saltones, generalmente verde.

5 ☐ Toro castrado cuya su cría se dedica exclusivamente actualmente a la obtención de carne.

6 ☐ Pequeño mamífero roedor parecido a la rata.

5a Da los sustantivos que corresponden a los siguientes verbos, por ejempio decidir > decisión.

A entrevistar > _____

B estudiar > _____

C comparar > _____

D experimentar > _____

E besar > _____

F reaccionar > _____

G confundir > _____

H acariciar > _____

I perdonar > _____

J rechazar > _____

K pedir > _____

L aceptar > _____

M amar > _____

N compadecer > _____

Ñ comprometer > _____

O preparar > _____

P celebrar > _____

5b Completa el siguiente texto con los sustantivos del ejercicio anterior.

Cuando Augusto sale de su _a_ _____ con Paparrigópulos está decidido a llevar a cabo un _b_ _____ psicológico que va a consistir en la _c_ _____ de al menos tres mujeres.

Inicia su _d_ _____ psicológico con Rosario, aunque en un momento dado las cosas se le escapan de las manos, ya que Rosario empieza a darle _e_ _____s y abrazarlo, una _f_ _____ por parte de la joven que Augusto no se esperaba. En un estado de gran _g_ _____, él comienza a hacerle _h_ _____s. Cuando Augusto se da cuenta de lo que está haciendo, le pide _i_ _____ a la planchadora.

Más tarde Augusto se dirige a casa de Eugenia para realizar una última experiencia psicológica. Aunque en el fondo teme el _j_ _____ de Eugenia, hace la _k_ _____ de mano. Curiosamente, Eugenia le dice que sí, pero deja claro que su _l_ _____ no viene motivada por el _m_ _____ sino por la _n_ _____. A pesar de todo, anuncian el _ñ_ _____ a los tíos de la pianista y, a partir de entonces, empiezan los _o_ _____s para la _p_ _____ de la boda.

ANTES DE LEER

¡Tienes la palabra!

6 En este capítulo tiene lugar la curiosa "pedida de mano" de Eugenia por parte de Augusto.

Marca (✓) lo que crees que pasará más adelante:

A ☐ Todo transcurrirá normalmente: se casarán, Eugenia acabará sintiendo amor por Augusto, y serán felices por el resto de sus días.

B ☐ Uno de ellos romperá el compromiso.

C ☐ Un trágico acontecimiento impedirá la boda.

7 En este capítulo hace su aparición un curioso nuevo personaje, el propio Miguel de Unamuno en persona.

Marca (✓) lo que crees que pasará:

A ☐ Unamuno, el autor, va a empezar a mezclarse en la historia y desempeñar el papel de narrador omnipresente.

B ☐ El autor va a convertirse en un personaje de la historia.

C ☐ Es una aparición única que no va a tener ninguna repercusión en el desarrollo posterior de la trama.

Capítulo 8

La carta

Augusto torció el gesto cuando una mañana Liduvina le anunció que un joven lo esperaba y se encontró luego con que era Mauricio. Estuvo a punto de despedirlo sin oírlo, pero le atraía aquel hombre que fue en un tiempo novio de Eugenia, al que ésta quiso y acaso seguía queriendo en algún modo; aquel hombre que tal vez sabía de la que iba a ser su mujer intimidades que Augusto ignoraba… Había algo que les unía.

—Vengo, señor —empezó sumisamente Mauricio—, a darle las gracias por el favor que, gracias a la mediación de Eugenia, usted se ha dignado otorgarme…

—No tiene usted de qué darme las gracias, señor mío, y espero que en adelante dejará usted en paz a la que va a ser mi mujer.

—Pero, ¡si yo no la he molestado lo más mínimo! Desde que me despidió, e hizo bien en despedirme, porque no soy yo el que a ella corresponde, he procurado consolarme como mejor he podido de esa desgracia y respetar, por supuesto, sus determinaciones. Y si ella le ha dicho a usted otra cosa…

—Le ruego que no vuelva a mentar* a la que va a ser mi mujer, y mucho menos que insinúe siquiera el que haya faltado lo más mínimo a la verdad. Consuélese como pueda y déjenos en paz.

mentar citar, mencionar

–Es verdad. Y vuelvo a darles a ustedes dos las gracias por ese empleo. Por cierto que pienso llevarme conmigo a una muchachita…

–Y ¿a mí qué me importa eso, caballero?

–Es que me parece que usted debe de conocerla…

–¿Cómo? ¿Quiere usted burlarse…?

–No. Es una tal Rosario, que está en un taller de planchado y que me parece que le solía llevar a usted la plancha…

Augusto palideció. "¿Sabrá éste todo?", se dijo, y esto lo azaró* aún más que su anterior sospecha de que aquel hombre supiese de Eugenia lo que él no sabía. Pero se repuso al pronto* y exclamó:

–Y ¿a qué me viene usted ahora con eso?

–¡No se exalte así, don Augusto! Ella… la que usted no quiere que yo miente, me despreció, me despidió, y yo me he encontrado con esa pobre chica, a la que otro despreció y…

Augusto no pudo ya contenerse; palideció primero, se encendió después, se levantó, cogió a Mauricio, lo levantó y lo arrojó en el sofá sin darse clara cuenta de lo que hacía, como para estrangularlo. Y entonces, al verse Mauricio en el sofá, dijo con la mayor frialdad:

–Mírese usted ahora, don Augusto, en mis pupilas y verá qué chiquito se ve…

El pobre Augusto creyó derretirse. Por lo menos se le derritió toda la fuerza de los brazos. La estancia empezó a convertirse en niebla a sus ojos. Pensó: "¿Estaré soñando?", y se encontró con que Mauricio, de pie ya y frente a él, le miraba con una socarrona* sonrisa:

–¡Oh, no ha sido nada, don Augusto! Perdóneme usted, ha sido un arrebato*… ni siquiera sé lo que me hice… ni me di cuenta… Y ¡gracias, otra vez gracias, a usted y a… ella! ¡Adiós!

Apenas había salido Mauricio, Augusto llamó a Liduvina.

---

azarar inquietar, perturbar, aturdir
al pronto inmediatamente

socarrón/ona burlesco/a, irónico/a y disimulado/a
un arrebato manifestación violenta de un sentimiento o una pasión

–Di, Liduvina, ¿quién ha estado aquí conmigo?

–Un joven.

–¿De veras, ha estado aquí alguien conmigo? ¡Júrame que ha estado aquí conmigo un joven… alto, rubio, ¿no es eso?, de bigote, más bien grueso que flaco, de nariz aguileña… ¿ha estado?

–Pero, ¿está usted bueno, don Augusto?

–¿No ha sido un sueño…?

–Como no lo hayamos soñado los dos…

–No, no pueden soñar dos al mismo tiempo la misma cosa. Y precisamente se conoce que algo no es sueño en que no es de uno solo…

–Pues sí, ¡estese tranquilo, sí! Estuvo ese joven que dice.

–¿Y tú sabes quién es, Liduvina?

–Sí, sé quién es. El que fue novio de…

–Sí, basta. Y ¡ahora vete!

"¡Ven acá, Orfeo! –le dijo al perro, cuando Liduvina hubo salido– ¡Pobrecito, qué pocos días te quedan ya de vivir conmigo! ¡Ella no te quiere en casa, te echa de mi lado! ¿Qué voy a hacer de ti? ¿Qué será de ti sin mí? Eres capaz de morirte, ¡lo sé! Sólo un perro es capaz de morirse al verse sin amo. ¿Es que tú, el símbolo de la felicidad, le estorbas en casa? ¡Quién lo sabe…! Pero, ¿por qué me miras así, Orfeo? ¡Si parece que lloras sin lágrimas…! ¿Es que me quieres decir algo? Te veo sufrir por no tener palabras."

▶ 12   Todo estaba dispuesto ya para la boda. A medida que se acercaba aquel plazo, Augusto notaba en Eugenia algo extraño, algo forzado. Alguna vez le pareció que trataba de esquivar sus miradas. Y se acordó de su pobre madre, y del anhelo que sintió siempre porque su hijo se casara bien. Y ahora, próximo a casarse con Eugenia, le atormentaba más lo que Mauricio le había dicho que se llevaría a Rosario. Sentía celos y rabia

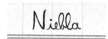

por haber dejado pasar una ocasión, por el ridículo en que quedó ante la moza. "Ahora estarán riéndose los dos de mí.", se decía. Y alguna vez le entraron furiosas ganas de romper su compromiso y de ir a la conquista de Rosario y arrebatársela a Mauricio.

—Y de aquella chica, de Rosario, ¿no has vuelto a saber de ella? —le preguntó Eugenia un día mirándole con una mirada de las que atraviesan.

—Y ¿a qué viene recordarme ahora eso? No, no he vuelto a saber de ella.

—¿Quién la estará conquistando o quién la habrá conquistado a estas horas…? —y, apartando su mirada de Augusto, la fijó en el vacío, más allá de lo que miraba.

Por la mente del novio pasaron, en tropel, extraños agüeros⋆. "Ésta parece saber algo", se dijo.

—Supongo que la habrás olvidado… —prosiguió Eugenia.

—Pero, ¿a qué esta insistencia en hablarme de esa… chiquilla?

—¡Qué sé yo!… Porque, me pregunto, ¿qué le pasará a un hombre cuando otro le quita la mujer a que pretendía y se la lleva?

A Augusto le subió una oleada de sangre a la cabeza al oír esto. Le entraron ganas de salir, correr en busca de Rosario, ganarla y volver con ella a Eugenia para decir a esta: "¡Aquí la tienes, es mía y no de… tu Mauricio!"

Faltaban tres días para la boda. Augusto salió de casa de su novia pensativo. Apenas pudo dormir aquella noche. A la mañana siguiente, apenas despertó, entró Liduvina en su cuarto.

—Acaban de traer una carta para el señorito.

Augusto la cogió y empezó a temblar: era de Eugenia. Liduvina salió. Augusto empezó a temblar. Un extraño desasosiego⋆ le agitaba el corazón. Se acordó de Rosario, luego de Mauricio. Pero no quiso tocar la carta. Miró con terror el sobre. "No, no quiero leerla aquí", se dijo. Salió

---

un agüero presagio, premonición　　　　**el desasosiego** falta de tranquilidad, de serenidad

de su casa, fue a la iglesia más próxima, y allí, entre unos cuantos devotos que oían misa, abrió la carta:

"Apreciable Augusto:

Cuando leas estas líneas, yo estaré con Mauricio camino del pueblo adonde éste va destinado gracias a tu bondad, a la que también debo poder disfrutar de mis rentas, que con el sueldo de él nos permitirá vivir juntos con algún desahogo*. No te pido que me perdones, porque después de esto creo que te convencerás de que ni yo te hubiera hecho feliz ni tú mucho menos a mí. Cuando se te pase la primera impresión volveré a escribirte para explicarte por qué doy este paso ahora y de esta manera. Mauricio quería que nos hubiéramos escapado el día mismo de la boda, después de salir de la iglesia; pero su plan era muy complicado y me pareció, además, una crueldad inútil. Y como te dije en otra ocasión, creo que quedaremos amigos. Tu amiga.

Eugenia Domingo del Arco

P.S.: Rosario No viene con nosotros. Te queda ahí y puedes consolarte con ella."

Augusto se dejó caer en un banco, anonadado. Al poco rato se arrodilló y rezaba.

Al salir de la iglesia le parecía que iba tranquilo. Iba aterrado de sí mismo y de lo que le pasaba, o mejor aún, de lo que no le pasaba. Aquella frialdad, al menos aparente, con que recibió el golpe de la burla suprema, aquella calma le hacía que hasta dudase de su propia existencia. "Si yo fuese un hombre como los demás –se decía–, con corazón, ¿cómo podía haber recibido esto con la relativa tranquilidad con que lo recibo?" Y empezó, sin darse de ello cuénta, a palparse, y hasta se pellizcó para ver si lo sentía.

De pronto sintió que alguien le tiraba de una pierna. Era Orfeo, que le había salido al encuentro, para consolarlo. Al ver a Orfeo sintió una gran

---

con desahogo sin problemas económicos

alegría, lo tomó en brazos y le dijo: "¡Alégrate, Orfeo mío, alegrémonos los dos! ¡Ya no te echan de casa! ¡No hay mal que por bien no venga! ¡Tú eres fiel, Orfeo mío, y ya nadie nos separará el uno del otro!"

Entró en su casa, y al volverse a ver en ella, solo, se le desencadenó en el alma la tempestad que parecía calma*. Le invadió un sentimiento en que se confundían amarga tristeza, celos, rabia, miedo, odio, amor, compasión, desprecio, y sobre todo vergüenza, una enorme vergüenza, y la terrible conciencia del ridículo en que quedaba.

–¡Me ha matado! –le dijo a Liduvina.

–¿Quién?

–Ella.

Y se encerró en su cuarto. Y, a la vez que las imágenes de Eugenia y de Mauricio, se presentaba a su espíritu la de Rosario, que también se burlaba de él. Y recordaba a su madre. Se echó sobre la cama, y rompió a llorar. Y lloró, lloró, lloró. Y en el llanto silencioso se le derretía el pensamiento.

Víctor encontró a Augusto hundido en un rincón de un sofá, mirando más abajo del suelo.

–¿Qué es eso? –le preguntó poniéndole una mano sobre el hombro.

–Y ¿me preguntas qué es esto? ¿No sabes lo que me ha pasado?

–Sí, sé lo que te ha pasado por fuera, es decir, lo que ha hecho ella; lo que no sé es lo que te pasa por dentro.

–¡Lo que más me duele es la burla! ¡Me han puesto en ridículo! Han querido demostrarme… ¿qué sé yo?… que no existo.

–Tú, querido experimentador, la quisiste tomar de rana, y es ella la que te ha tomado de rana a ti. ¡Chapúzate, pues, en la charca, y a croar* y a vivir!

–Te ruego otra vez… Estoy confundido…

–Hay que confundir. Confundir sobre todo, confundirlo todo.

---

calmo/a tranquilo/a   **croar** cantar la rana

Confundir el sueño con la vela*, la ficción con la realidad, lo verdadero con lo falso; confundirlo todo en una sola niebla.

–Pero, ¿qué hago? ¿Me suicido?

–No digo ni que sí ni que no. Sería una solución como otra, pero no la mejor.

–Entonces, ¿que los busque y los mate?

–Matar por matar es un desatino*. A lo sumo para librarse del odio, que no hace sino corromper el alma.

–Y ¿qué voy a hacer?

–Habrás oído que en este mundo no hay sino devorar o ser devorado…

–Sí, burlarse de otros o ser burlado.

–No. Cabe otro término tercero y es devorarse uno a sí mismo, burlarse uno de sí mismo. ¡Devórate! Devórate a ti mismo, y como el placer de devorarte se confundirá y neutralizará con el dolor de ser devorado. No serás sino un mero espectáculo para ti mismo.

–Pero Víctor, ¡qué cosas dices!

–Pienso así desde que soy padre. El ser padre despierta lo más terrible que hay en el hombre: ¡el sentido de la responsabilidad! Yo entrego a mi hijo el legado perenne de la humanidad. Con meditar en el misterio de la paternidad hay para volverse loco. Regocíjate, pues, Augusto, que eso te evitó acaso el que fueses padre. Y yo te dije que te casaras, pero no que te hicieses padre. El matrimonio es un experimento… psicológico; la paternidad lo es… patológico.

–¡Es que me ha hecho padre, Víctor!

–¿Cómo? ¿Que te ha hecho padre?

–¡Sí, de mí mismo! Con esto creo haber nacido de veras. Y para sufrir, para morir.

–Sí, el segundo nacimiento, el verdadero, es nacer por el dolor a la

la vela acción de no dormir   **un desatino** error absurdo

conciencia de que estamos siempre muriendo. Pero si te has hecho padre de ti mismo es que te has hecho hijo de ti mismo también.

–Parece imposible, Víctor, parece imposible que pasándome lo que me pasa, después de lo que ella ha hecho conmigo, pueda todavía oír con calma estas sutilezas, estos juegos de concepto, estas humoradas macabras. Bueno, y ¿qué voy a hacer yo ahora?

–¡Hacer... hacer... hacer...! ¡Bah, ya te estás sintiendo personaje de drama o de novela! ¡Contentémonos con serlo de… nivola! ¡Hacer... hacer... hacer...! ¿Te parece que hacemos poco con estar así hablando? Es la manía de la acción. Dicen que pasan muchas cosas en un drama cuando los actores pueden hacer muchos gestos y dar grandes pasos y fingir duelos y saltar y… ¡pantomima! ¡Hablan demasiado!, dicen otras veces. Como si el hablar no fuese hacer. En el principio fue la Palabra y por la Palabra se hizo todo. Si ahora, por ejemplo, algún… nivolista oculto ahí, tras ese armario, tomase nota taquigráfica de cuanto estamos aquí diciendo y lo reprodujese, es fácil que los lectores dijeran que no pasa nada, y sin embargo…

–¡Oh, si pudiesen verme por dentro, Víctor, te aseguro que no dirían tal cosa!

–Nosotros no tenemos dentro, Augusto. El alma de un personaje de drama, de novela o de nivola no tiene más interior que el que le da…

–Sí, su autor.

–No, el lector.

–Empecé, Víctor, como una sombra, como una ficción. Durante años he vagado como un fantasma, como un muñeco de niebla, sin creer en mi propia existencia, imaginándome ser un personaje fantástico que un oculto genio inventó para solazarse* o desahogarse. Pero ahora, después de lo que me han hecho, después de esta burla,

---

solazarse distraerse, divertirse

¡ahora me siento, ahora me palpo, ahora no dudo de mi existencia real! Pero, ¿qué es existir?

–¿Ves? Ya te vas curando; ya empiezas a devorarte. Lo prueba esa pregunta. ¡Ser o no ser!, que dijo Hamlet.

–Pues a mí, Víctor, eso de ser o no ser me ha parecido siempre una solemne vaciedad.

–Las frases, cuanto más profundas, más vacías son. No hay profundidad mayor que la de un pozo sin fondo. ¿Qué te parece lo más verdadero de todo?

–Pues... pues... lo de Descartes: "Pienso, luego soy."

–Pues no pienses, Augusto, no pienses. Y si te empeñas en pensar...

–¿Qué? ¿Que me suicide...?

–En eso ya no me quiero meter. ¡Adiós!

Y se salió Víctor, dejando a Augusto perdido y confundido en sus cavilaciones.

Comprensión lectora

1 Lee la misiva con atención y di si es verdadero (V) o falso (F).

	V	F
A Eugenia se ha escapado con Mauricio.	☐	☐
B Han ido al pueblo en el que Eugenia nació.	☐	☐
C Eugenia desea ser cruel con Augusto.	☐	☐
D A Eugenia le gustaría que Augusto y ella continuasen siendo amigos.	☐	☐
E La pianista no quiere dinero.	☐	☐
F Eugenia le pide a Augusto que la perdone.	☐	☐
G Eugenia está convencida de que no se hubieran hecho recíprocamente felices.	☐	☐
H Rosario se ha ido con Eugenia y Mauricio al pueblo.	☐	☐

2 Contesta marcando la opción correcta.

1 Una mañana Liduvina le anuncia que un joven le espera y se encuentra con Mauricio.

¿Qué sentimientos tiene hacia el antiguo novio de Eugenia?

A ☐ atracción
B ☐ repulsión
C ☐ celos
D ☐ lástima

2 Del que había sido el novio de su futura mujer, Augusto teme que:

A ☐ Eugenia continúe enamorada de él.
B ☐ Mauricio continúe molestándolos a él y a su mujer, y no salga definitivamente de su vida.
C ☐ Él conozca secretos y cosas íntimas que Augusto desconoce.
D ☐ Mauricio lo mate.

3 Según sus propias palabras, Mauricio quería:

A ☐ pedirle dinero
B ☐ darle un recado para Eugenia
C ☐ darle la gracias por haberle encontrado un trabajo
D ☐ hacerle un regalo

4 Mauricio le anuncia también que va a llevarse al pueblo a alguien. ¿De quién se trata?

A ☐ Eugenia

B ☐ Rosario

C ☐ Liduvina

D ☐ una misteriosa mujer

5 ¿Cómo reacciona Augusto ante las continuas provocaciones de Mauricio?

A ☐ Muestra total indiferencia.

B ☐ Hace gala de sangre fría y de un perfecto dominio de sí mismo.

C ☐ Parece volverse loco y agrede a Mauricio.

D ☐ Se pone a gritar y pedir ayuda.

6 ¿Cuánto tiempo antes de la boda recibe Augusto una carta de Eugenia?

A ☐ una semana antes

B ☐ tres días antes

C ☐ la víspera

D ☐ el mismo día

7 ¿De qué le hace dudar a Augusto la frialdad con la que se ha tomado la terrible noticia?

A ☐ de sus sentimientos

B ☐ de su salud física

C ☐ de su salud mental

D ☐ de su existencia

8 Augusto tiene a pesar de todo una alegría en su desgracia. ¿Cuál?

A ☐ Va a ahorrarse el dinero que cuesta la celebración de una boda.

B ☐ Va a poder continuar llevando la misma vida que antes y disfrutar de total libertad.

C ☐ Ahora va a poder casarse con Rosario.

D ☐ No va a tener que separarse de su perro.

9 Cuando habla con Víctor de cómo se siente, Augusto utiliza una curiosa imagen para describirse a sí mismo. ¿Cuál?

A ☐ una mariposa clavada en un alfiler

B ☐ un paraguas

C ☐ un ser de otro planeta

D ☐ un personaje de ficción

Gramática

3 **Completa las siguientes frases con las conjunciones que hay en el recuadro, lo que te permitirá recordar algunos momentos importantes de la historia.**

> así que • ya que • apenas • como • tan pronto como •
> sin embargo • sino • cuando • ni siquiera • a pesar de que •
> mientras • pero

Augusto ve a Eugenia y se enamora, a _____ prácticamente no la conoce y sabe muy poco de ella.

En realidad, no sabe b _____ cuál es su aspecto físico...

Augusto se acordaba c _____ de su padre, pues este había muerto siendo él muy niño.

La difunta madre de Augusto le decía a éste que se casara d _____ ella muriera.

Un día, e _____ Augusto se pasea por la calle, tiene lugar un incidente con un canario que le permite entrar en casa de la joven pianista y conocer a sus tíos.

Al principio, Eugenia rechaza la proposición de Augusto f _____ tiene novio.

Augusto está muy perturbado pues no sólo se siente atraído por Eugenia g _____ por todas las mujeres bellas que ve a su paso.

h _____ Augusto compra la hipoteca que grava la casa de Eugenia, en vez de estar agradecida, la pianista está indignada.

Eugenia considera que Augusto está intentando comprarla, i _____ está furiosa.

La maestra de piano no está realmente enamorada de él y j _____ acaba aceptando casarse con Augusto.

Pocos días antes de la boda todos los preparativos están a punto k _____ Eugenia rompe el compromiso.

l _____ Augusto se siente burlado y no tiene ninguna razón para seguir viviendo, decide suicidarse.

Vocabulario

4 ¿Qué sentimientos invadieron a Augusto cuando entró en casa y se vio solo en ella?

Encuéntralos a partir de las definiciones y escribe las letras que faltan para completar la palabra.

a)   _ M _ _ : Sentimiento de afecto y cariño que una persona siente hacia otra, unido a veces a una atracción sexual.

b)   _ _ I _ : Sentimiento muy vivo de hostilidad, antipatía y rechazo.

c)   _ _ _ _ _ _ Z _ : Sentimiento o estado melancólico de quien se encuentra deprimido, sin ánimo y, en muchas ocasiones, con tendencia a llorar.

d)   C _ _ _ _ : Sospecha, inquietud o temor de que la persona amada quiera o prefiera a otro.

e)   _ _ _ _ Ü _ _ _ _ : Sentimiento de turbación y pérdida de la propia estima causado por una humillación, una ofensa o por el temor al ridículo o la deshonra.

f)   _ _ S P _ _ _ _ _ : Falta de reconocimiento o estima.

g)   M _ _ _ _ : Sentimiento desagradable de angustia que se suele experimentar ante la presencia, la amenaza o la suposición de un riesgo o de un mal.

h)   _ _ B _ _ : Ira, furia o enfado muy grandes.

i)   _ _ M P _ _ _ _ _ : Sentimiento de pena y lástima que una persona tiene por los sufrimientos y desgracias de otra.

Expresión escrita

5 En dos ocasiones se dice que alguna vez a Augusto le entraron ganas de romper su compromiso, conquistar a Rosario y arrebatársela a Mauricio. **Ahora ya sabes que las cosas no han ocurrido de este modo, pero escribe el relato de cómo crees que hubiera continuado la historia si Augusto hubiera ido a buscar a Rosario.**

_____

_____

_____

Capítulo 9

La revelación

▶ 13 Aquella tempestad del alma de Augusto terminó en decisión de suicidarse. Pero antes de llevar a cabo su propósito, como el náufrago que se agarra a una débil tabla, se le ocurrió consultarlo conmigo, con el autor de todo este relato. Augusto había leído varias obras mías, y no quiso dejar este mundo sin haberme conocido y platicado* un rato conmigo. Emprendió, pues, un viaje acá, a Salamanca, donde hace más de veinte años que vivo, para visitarme.

Cuando me anunciaron su visita sonreí enigmáticamente y le mandé pasar. Entró como un fantasma, miró un retrato mío al óleo que allí preside mi librería, y a una seña mía se sentó, frente a mí.

Empezó hablándome de mis trabajos demostrando conocerlos bastante bien, y en seguida empezó a contarme su vida y sus desdichas*. Lo atajé* diciéndole que se ahorrase aquel trabajo, pues de las vicisitudes de su vida sabía yo tanto como él, y se lo demostré citándole los más íntimos pormenores* y los que él creía más secretos. Me miró con ojos de verdadero terror y como quien mira a un ser increíble; creí notar que se le alteraba el color del semblante* y que hasta temblaba. Lo tenía yo fascinado.

–¡Parece mentira! –repetía– No sé si estoy despierto o soñando…

platicar hablar, conversar
una desdicha desgracia, infelicidad
atajar cortar, interrumpir

un pormenor detalle
el semblante cara

122

–Ni despierto ni soñando –le contesté.

–No me lo explico… –añadió– Mas, puesto que usted parece saber sobre mí tanto como sé yo mismo, acaso adivine mi propósito…

–Sí –le dije–, tú, abrumado* por tus desgracias, has concebido la idea de suicidarte, y antes de hacerlo, movido por algo que has leído en uno de mis últimos ensayos, vienes a consultármelo.

El pobre hombre me miraba temblando. Intentó levantarse, acaso para huir de mí. No podía, no disponía de sus fuerzas.

–Pero tú no puedes suicidarte, aunque lo quieras.

–¿Cómo? –exclamó al verse de tal modo negado y contradicho.

–Sí. Para que uno se pueda matar a sí mismo, ¿qué es necesario? –le pregunté.

–Que tenga valor para hacerlo –me contestó.

–No –le dije–, ¡que esté vivo! ¡Y tú no estás vivo!

–¿Cómo que no estoy vivo? ¿Es que me he muerto? –y empezó, sin darse clara cuenta de lo que hacía, a palparse a sí mismo.

–¡No, hombre, no! –le repliqué– Te dije antes que no estabas ni despierto ni dormido, y ahora te digo que no estás ni muerto ni vivo. La verdad es, querido Augusto –le dije con la más dulce de mis voces–, que no puedes matarte porque no estás vivo ni tampoco muerto, porque no existes…

–¿Cómo que no existo? –exclamó.

–No, no existes más que como ente de ficción. No eres más que un producto de mi fantasía y de las de aquellos de mis lectores que lean el relato que yo he escrito de tus fingidas* venturas y malandanzas*; tú no eres más que un personaje de novela, o de nivola, o como quieras llamarlo. Ya sabes, pues, tu secreto.

Al oír esto se quedó el pobre hombre mirándome un rato, miró

abrumado/a preocupado/a a causa de un gran sufrimiento
fingido/a imaginario/a

la malandanza desgracia, infortunio

luego un momento hacia mi retrato al óleo que preside mis libros, le volvió el color y el aliento, fue recobrándose, se hizo dueño de sí, y con una sonrisa en los ojos, me dijo lentamente:

–Mire usted bien, don Miguel… no sea que esté usted equivocado y que ocurra precisamente todo lo contrario de lo que usted se cree y me dice.

–Y ¿qué es lo contrario? –le pregunté alarmado de verle recobrar vida propia.

–No sea, mi querido don Miguel –añadió–, que sea usted y no yo el ente de ficción… Señor de Unamuno –prosiguió–, usted ha manifestado dudas sobre mi existencia…

–Dudas no, –le interrumpí– certeza absoluta de que tú no existes fuera de mi producción novelesca.

–Bueno, pues no se incomode tanto si yo a mi vez dudo de la existencia de usted y no de la mía propia. Además, amigo don Miguel, reconozca que al admitir esta discusión conmigo me reconoce ya existencia independiente de usted.

–¡No, eso no! –le dije vivamente– Yo necesito discutir, sin discusión y sin contradicción no vivo, y cuando no hay fuera de mí quien me discuta y contradiga invento dentro de mí quien lo haga. Mis monólogos son diálogos. Pero te digo y repito que tú no existes fuera de mí…

–Y yo vuelvo a insinuarle a usted la idea de que es usted el que no existe fuera de mí y de los demás personajes a quienes usted cree haber inventado. Y vamos a ver, ¿qué opina usted de mi suicidio?

–Tú no existes más que en mi fantasía, y no debes ni puedes hacer sino lo que a mí me dé la gana*. Y como no me da la real gana que te suicides, no te suicidarás.

–Aun suponiendo su peregrina* teoría de que yo no existo de

---

dar a alguien la real gana de hacer algo querer hacer algo con razón o sin ella
peregrino/a que carece de lógica

veras y usted sí, de que yo no soy más que un ente de ficción, hasta los llamados entes de ficción tienen su lógica interna... Un novelista no puede hacer lo que se le antoje de un personaje que ha creado...

–Un ser novelesco tal vez... Pero un ser nivolesco...

–Dejemos esas bufonadas que me ofenden. Yo, sea por mí mismo, según creo, sea porque usted me lo ha dado, según supone usted, tengo mi carácter, mi modo de ser, mi lógica interior, y esta lógica me pide que me suicide... No puede usted, porque le dé la real gana, como dice, impedirme que me suicide.

–¡Bueno, basta! –exclamé dando un puñetazo en la mesa– ¡Cállate! ¡No quiero oír más impertinencias...! ¡Y de una criatura mía! Y como ya me tienes harto y además no sé ya qué hacer de ti, decido ahora mismo no ya que no te suicides, sino matarte yo. ¡Vas a morir, pues, pero pronto! ¡Muy pronto!

–¿Cómo? ¡Ah, eso nunca!, ¡nunca!– gritó.

–¡Ah! –le dije mirándole con lástima y rabia– ¿Así que estabas dispuesto a matarte y no quieres que yo te mate? ¿Ibas a quitarte la vida y te resistes a que te la quite yo?

–Sí, no es lo mismo... Y la cuestión es quitar a alguien la vida, matar a alguien. Los más de los suicidas son homicidas frustrados; se matan a sí mismos por falta de valor para matar a otros...

–¡Ah, ya, te entiendo, Augusto! Tú quieres decir que si tuvieses valor para matar a Eugenia o a Mauricio o a los dos no pensarías en matarte a ti mismo, ¿eh?

–¡Mire usted, no precisamente a esos...!

–¿A quién, pues?

–¡A usted! –y me miró a los ojos.

–¿Cómo? –exclamé poniéndome en pie– Pero, ¿se te ha pasado por la imaginación matarme?, ¿tú?, ¿y a mí? ¡Esto ya es demasiado, esto pasa de la raya*! Esto no sucede más que…

–Más que en las nivolas –concluyó él con sorna*.

–¡Bueno, basta! ¡Esto no se puede tolerar! ¡Vienes a consultarme, y empiezas por discutirme mi propia existencia, después el derecho que tengo a hacer de ti lo que me dé la real gana… Y luego insinúas la idea de matarme. ¿Matarme? ¡Morir yo a manos de una de mis criaturas! No tolero más. Y para castigar tu osadía* y esas doctrinas extravagantes y anárquicas, con que te me has venido, decido que te mueras. En cuanto llegues a tu casa, ¡te morirás!

–Pero es que yo quiero vivir, don Miguel, quiero vivir…

–¡Vaya una vida! –exclamé.

–Sí, la que sea. Aunque vuelva a ser burlado, aunque otra Eugenia y otro Mauricio me desgarren el corazón. ¡Don Miguel, por Dios, quiero vivir, quiero ser yo! –exclamó suplicante cayendo a mis pies de rodillas.

–¡No puede ser, Augusto! –le dije cogiéndole una mano y levantándolo– Ha llegado tu hora. Está ya escrito y no puedo volverme atrás. No puedes vivir más. No sé qué hacer ya de ti. Dios, cuando no sabe qué hacer de nosotros, nos mata. Y no se me olvida que pasó por tu mente la idea de matarme… Y me temo que, en efecto, si no te mato pronto acabes por matarme tú. Y ahora vete.

–No quiere usted dejarme ser yo, salir de la niebla, vivir, verme, oírme, tocarme, sentirme, dolerme, serme: ¿así que no lo quiere? Pues bien, mi señor creador don Miguel, ¡también usted se morirá, y se volverá a la nada de que salió…! ¡Dios dejará de soñarle! ¡Se morirá usted, aunque no lo quiera, y se morirán todos los que lean mi historia, todos, todos sin quedar uno! Porque usted, mi creador, no es

pasarse de la raya excederse, traspasar un límite
la sorna burla, ironía

la osadía insolencia, falta de respeto

usted más que otro ente nivolesco, y entes nivolescos sus lectores, lo mismo que yo, que Augusto Pérez, que su víctima…

–¿Víctima? –exclamé.

–¡Víctima, sí! ¡Crearme para dejarme morir! ¡Morirá también usted, don Miguel, y morirán todos los que me piensen!

Este supremo esfuerzo de pasión de vida, de ansia de inmortalidad, dejó al pobre Augusto extenuado. Y lo empujé a la puerta, por la que salió cabizbajo. Luego se tanteó como si dudase ya de su propia existencia. Yo me enjugué una lágrima furtiva.

Aquella misma noche se fue Augusto de Salamanca. Se marchó con la sentencia de muerte sobre el corazón y convencido de que no sería ya posible, aunque lo intentara, suicidarse. El pobrecillo, recordando mi sentencia, procuraba alargar lo más posible su vuelta a su casa, pero una misteriosa atracción, un impulso íntimo lo arrastraba a ella. Su viaje fue lamentable. Iba en el tren contando los minutos. "¿Será verdad que no existo realmente? –se decía– ¿Tendrá razón este hombre al decir que no soy más que un producto de su fantasía?"

Tristísima, dolorosísima había sido últimamente su vida, pero le era mucho más triste, le era más doloroso pensar que todo ello no hubiese sido sino sueño, y no sueño de él, sino sueño mío. La nada le parecía más pavorosa que el dolor. ¡Soñar uno que vive… pase, pero que le sueñe otro…!

"Y ¿por qué no he de existir yo? –se decía–Supongamos que es verdad que ese hombre me ha inventado, me ha soñado, me ha producido en su imaginación. Pero, ¿no vivo ya en las de otros, en las de aquellos que lean el relato de mi vida? Y si vivo así en las fantasías de varios, ¿no es acaso real lo que es de varios y no de uno solo?"

Llegó a su casa y Liduvina, que salió a abrirlo, palideció al verlo.

–¿Qué es eso, Liduvina, de qué te asustas?

–¡Jesús! El señorito parece más muerto que vivo… Trae cara de ser del otro mundo…

–Del otro mundo vengo, Liduvina, y al otro mundo voy. Y no estoy ni muerto ni vivo.

–Pero, ¿es que se ha vuelto loco?

No sentía ningunas ganas de cenar, y no más que por hábito y por acceder a los ruegos de sus fieles sirvientes pidió que le sirviesen una cosa ligerita. Mas, a medida que iba comiendo, se le abría un extraño apetito, una rabia de comer más y más, como un condenado a muerte que toma su última comida… Y siguió pidiendo más y más comida.

Y pensaba: "Pero ¡no, no!, ¡yo no puedo morirme! Sólo se muere el que está vivo, el que existe, y yo, como no existo, no puedo morirme… ¡soy inmortal!"

–¡Soy inmortal!, ¡soy inmortal! –exclamó Augusto.

–¿Qué dice usted? –acudió Liduvina.

Liduvina fue a llamar a su marido, a quien dijo:

–Domingo, me parece que el señorito se ha vuelto loco… Dice unas cosas muy raras… cosas de libros… que no existe… qué sé yo…

–¿Qué es eso, señorito? –le dijo Domingo entrando– ¿Qué le pasa?

–Domingo, tráeme un pliego de papel. Voy a poner un telegrama…

–Pero ¡señorito!…

Domingo obedeció, le llevó el papel y el tintero y Augusto escribió: *"Salamanca. Unamuno. Se salió usted con la suya. He muerto. Augusto Pérez."*

–En cuanto me muera lo envías, ¿eh?

–Pero ¡señorito!…

Domingo acompañó al pobre Augusto a su cuarto. Lo ayudó a desnudarse porque su amo temblaba y no tenía ya fuerzas. Augusto estaba blanco y frío como la nieve, parecía que hubiera visto al diablo. Domingo, aterrado a su vez, acostó a su pobre amo.

–Lo mejor es que duerma… –le dijo Domingo.

–Sí, durmiendo se me pasará esto… Pero, di, ¿es que no he hecho nunca más que dormir?, ¿más que soñar? ¿Todo eso ha sido más que una niebla?

–Bueno, bueno, déjese de esas cosas. Todo eso sólo son cosas de libros, como dice mi Liduvina.

–A dormir… dormir… a soñar… ¡Morir… dormir… dormir… soñar acaso…! Pienso, luego soy; soy, luego pienso… ¡No existo, no!, ¡no existo… madre mía! Eugenia… Rosario… Unamuno… –y se quedó dormido.

Al poco rato se incorporó en la cama lívido, anhelante, con los ojos todos negros y despavoridos, mirando más allá de las tinieblas, y gritando: "¡Eugenia, Eugenia!" Domingo acudió a él. Dejó caer la cabeza sobre el pecho y se quedó muerto.

–Ha sido cosa del corazón… un ataque de asistolia –dijo el médico.

–Pues yo –intervino Liduvina– creo que ha sido de la cabeza. Es verdad que cenó de un modo disparatado*, pero como sin darse cuenta de lo que hacía y diciendo disparates… Yo creo que a mi señorito se le había metido en la cabeza morirse, y ¡claro!, el que se empeña en morir, al fin se muere. Lo de mi señorito ha sido un suicidio y nada más que un suicidio. Ponerse a cenar como cenó viniendo como venía es un suicidio y nada más que un suicidio. ¡Se salió con la suya!

▶ 14   Cuando recibí el telegrama comunicándome la muerte del pobre Augusto y supe luego todas las circunstancias de ella, me quedé pensando en si hice o no bien en decirle lo que le dije la tarde aquella en que vino a visitarme y consultar conmigo su propósito de suicidarse.

---

disparatado/a excesivo/a, absurdo/a

Y hasta me arrepentí de haberlo matado. Llegué a pensar que tenía él razón y que debí haberlo dejado salirse con la suya, suicidándose.

A poco de haberme dormido se me apareció Augusto en sueños. Estaba blanco, con la blancura de una nube, y sus contornos iluminados como por un sol poniente. Me miró fijamente y me dijo:

–¡Aquí estoy otra vez!

–¿A qué vienes? –le dije.

–A despedirme de usted, don Miguel, hasta la eternidad y a mandarle, no, a rogarle que escriba usted la nivola de mis aventuras...

–¡Está ya escrita!

–Lo sé, todo está escrito.

–Y ahora, ahora que está usted dormido y soñando y que reconoce usted estarlo y que yo soy un sueño y reconozco serlo, ahora vuelvo a decirle a usted lo que tanto le excitó cuando la otra vez se lo dije: mire usted, mi querido don Miguel, no vaya a ser que sea usted el ente de ficción, el que no existe en realidad, ni vivo ni muerto... no vaya a ser que no pase usted de un pretexto para que mi historia, y otras historias como la mía, corran por el mundo. Y luego, cuando usted se muera del todo, llevemos su alma nosotros. No, no se altere usted, que aunque dormido y soñando aún vivo. ¡Y ahora, adiós!

Y se disipó en la niebla negra.

Yo soñé luego que me moría, y en el momento mismo en que soñaba dar el último respiro me desperté con cierta opresión en el pecho.

Y aquí está la historia de Augusto Pérez.

Oración fúnebre por modo de epílogo

Suele ser costumbre al final de las novelas y luego que muere o se casa el héroe o protagonista dar noticia de la suerte que corrieron los demás personajes. No la vamos a seguir aquí ni a dar por consiguiente noticia alguna de cómo les fue a Eugenia y Mauricio, a Rosario, y a todos los demás. Sólo haremos una excepción y es su perro, Orfeo, el que más honda y sinceramente sintió la muerte de Augusto.

Acurrucado a los pies de su amo muerto, Orfeo pensó así: "¡Pobre amo mío! ¡Se ha muerto! Esto que aquí yace, blanco, frío, inmóvil, esto ya no es mi amo. ¿Dónde está aquél que me acariciaba, aquél que me hablaba? ¿Adónde se fue mi amo? ¡Tal vez allá arriba, al mundo puro platónico, al mundo de las ideas!"

"¡Pobre amo mío! ¡No fue más que un hombre, sí, pero fue mi amo! ¡Y cuánto, sin él creerlo ni pensarlo, me debía…! ¡Cuánto le enseñé con mis silencios, con mis lametones, mientras él me hablaba y me hablaba! ¿Me entenderás? –me decía– Y sí, yo le entendía."

"Y ahora está aquí, frío y blanco, inmóvil, sin habla. Ya nada tienes que decir a tu Orfeo. Tampoco tiene ya nada que decirte Orfeo con su silencio. ¿Qué será ahora de mi pobre amo?"

Orfeo siente venir la niebla tenebrosa… Y va hacia su amo saltando y agitando el rabo. "¡Amo mío! ¡Pobre hombre!"

Domingo y Liduvina recogieron al pobre perro muerto a los pies de su amo. Y Domingo, al ver aquello, se enterneció y lloró, no se sabe bien si por la muerte de su amo o la del perro, aunque lo más creíble es que lloró al ver aquel maravilloso ejemplo de lealtad y fidelidad.

¡QUEDA ESCRITO!

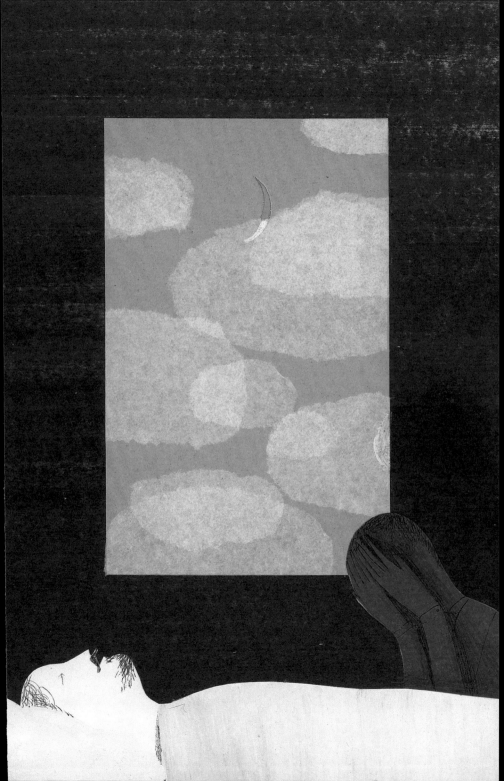

ACTIVIDADES

Comprensión lectora

1 **Responde a las preguntas.**

A Augusto toma la decisión de suicidarse, pero se le ocurre consultarlo antes con Miguel de Unamuno. ¿Quién es?

B Cuando Augusto empieza a contar su vida y sus desdichas a Unamuno, éste le dice que no vale la pena que pierda el tiempo. ¿Por qué?

C ¿Por qué motivo Augusto no puede suicidarse aunque lo quiera?

D Augusto se rebela ante su creador. ¿Qué pone en duda?

E ¿Cómo reacciona Augusto cuando Unamuno le anuncia que ha decidido matarlo?

F ¿Puede Unamuno cambiar el destino de su personaje?

G ¿Qué amenazas desesperadas profiere Augusto no sólo a Unamuno sino también a los lectores de esta nivola?

H Cuando regresa a su casa, Liduvina se asusta al verlo. ¿Por qué?

I ¿Qué hace de manera desmesurada cuando llega a su casa?

J ¿Qué reconoce Augusto en el telegrama que le envía a Unamuno?

K ¿Qué le pide Augusto Pérez a Unamuno cuando se aparece a éste último en sueños?

2 ¿Cómo ha muerto Augusto? No todo el mundo piensa lo mismo. **Relaciona los distintos personajes con la versión que dan de su muerte.**

a ☐ Ha fallecido de muerte natural.

b ☐ Ha sido asesinado.

c ☐ Se ha suicidado.

Justifica tu respuesta citando un pasaje del texto.

1 Para el doctor, Augusto: _____
_____
_____

2 Víctor, tal como nos lo anunciaba en el prólogo, cree que: _____
_____
_____

3 Liduvina está convencida de que: _____
_____
_____

4 Unamuno piensa que: _____
_____
_____

3 **¿A qué personaje está dedicado el epílogo?**

A ☐ Víctor **B** ☐ Eugenia **C** ☐ Rosario **D** ☐ Domingo, el criado
E ☐ Liduvina, la cocinera **F** ☐ don Fermín, el tío de Eugenia
G ☐ doña Ermelinda, la tía de Eugenia **H** ☐ Mauricio **I** ☐ doña Soledad, la difunta madre de Augusto **J** ☐ Margarita, la portera
K ☐ Orfeo, el perro

Expresión escrita

4 Durante su tensa conversación, Unamuno le dice a Augusto: "¡Dios dejará de soñarle!" ¿Cómo interpretas esta frase?
Si Augusto es creación o sueño de Unamuno, quizás Unamuno sea creación o sueño de un Dios. **Argumenta tu respuesta.**

_____
_____
_____
_____

Miguel de Unamuno (1864-1936)

Su vida

1864 Nace en Bilbao

1891-1901 Obtiene la Cátedra de griego en la Universidad de Salamanca. Es nombrado rector.

1914 Dimite de su cargo académico por sus ataques a la monarquía de Alfonso XIII.

1924-1930 Vive en Fuerteventura y Francia a causa del destierro al que se ve sometido por sus críticas a la Dictadura de Primo de Rivera.

1930 Cae el régimen de Primo de Rivera. **Regresa** a su cargo de rector.

1931 Es elegido diputado durante la República.

1936 Pronuncia su famoso discurso durante el acto de apertura del curso académico en la Universidad de Salamanca. Pasa los últimos días de su vida bajo arresto domiciliario en su casa y muere el 31 de diciembre.

Su obra

Unamuno cultivó todos los géneros literarios y su filosofía impregna toda su producción. Su preocupación por la situación de España fue uno de sus temas predilectos y quedó resumida en su famosa frase *¡Me duele España!*. También se manifestó en sus ensayos *En torno al casticismo* (1895) o *Vida de Don Quijote y Sancho* (1905). Más tarde, en plena crisis personal y bajo la influencia de filósofos como Adolf von Harnack y Kierkegaard entre otros, meditó sobre la inmortalidad y la existencia de un Dios en *Del sentimiento trágico de la vida* (1913) y *La agonía del cristianismo* (1925). Su narrativa comenzó con *Paz en la guerra* (1897) novela todavía muy cercana al Realismo, y culminó con la publicación de su obra maestra, *San Manuel Bueno, mártir* (1931) en donde el tema de la duda religiosa aparece de nuevo.

De su obra dramática, obras como *Fedra* (1910), *El otro* (1926) o *El hermano Juan* (1934) por ejemplo, tuvieron poco éxito ya que el teatro de Unamuno es un teatro de ideas que no posee acción dramática. Lo mismo ocurrió con su producción poética, y obras como *El Cristo de Velázquez* (1920) no fueron valoradas durante mucho tiempo aunque en la actualidad se le considere como uno de los grandes poetas del siglo XX.

El discurso de la Universidad de Salamanca

Al iniciarse la Guerra Civil, apoyó inicialmente la sublevación del ejército español encabezada por el general Francisco Franco. Pero Unamuno se arrepintió públicamente de su apoyo a los rebeldes fascistas durante el acto de apertura del curso académico, que coincidía con la celebración de la Fiesta de la Raza, el 12 de octubre de 1936. Un indignado Unamuno, que había estado tomando apuntes sin intención de hablar, se puso en pie y pronunció un apasionado e improvisado discurso.

"Se ha hablado aquí de guerra internacional en defensa de la civilización cristiana, yo mismo lo hice otras veces. Pero no, la nuestra es sólo una guerra incivil. (...) Vencer no es convencer y hay que convencer, sobre todo, y no puede convencer el odio que no deja lugar para la compasión. Se ha hablado también de catalanes y vascos, llamándolos anti-España; pues bien, con la misma razón pueden ellos decir otro tanto. Y aquí está el señor obispo, catalán, para enseñaros la doctrina cristiana que queréis conocer, y yo, que soy vasco, llevo toda mi vida enseñándoos la lengua española, que no sabéis..."

¡Que inventen ellos!

Unamuno escandalizó con esa frase, pero lo peor ha sido el equívoco que se ha creado en torno a ella. Unamuno pretendía responder a los positivistas sin ambición, haciéndoles ver que antes que imitar la ciencia extranjera, lo que había que hacer era tener vivo el espíritu, y no se cansaba de reprochar a los españoles esa vaguedad espiritual que es la raíz de sus males, pero también de la falta de ciencia. Unamuno ha sido mucho tiempo considerado como una especie de energúmeno opuesto a la ciencia, a la técnica y a la razón; lo que Unamuno criticaba no era la ciencia sino el conformismo, también en ciencia.

Un periodo de crisis

La Generación del 98

El concepto de Generación del 98 es un término histórico-social que repercute sobre un grupo de autores preocupados por el camino que España había tomado desde hacía unos años hacia la decadencia. 1898 marcará el final de un largo período de declive. El desastre colonial les hace reaccionar y analizar las causas del problema de España y buscar posibles soluciones.

A ella pertenecerán figuras tan importantes como Unamuno, Azorín, Machado, Valle-Inclán o Maeztu.

Las obras más importantes son novelas o ensayos, siendo el gran poeta de la Generación Antonio Machado.

Tienen un estilo sobrio y directo y serán auténticos renovadores del panorama literario.

Sus temas principales, además de la regeneración del país y el "problema de España", serán la vida y la muerte, y la religión.

El desastre del 98: el fin de un imperio

El 19 de abril de 1889, los EE.UU. declaran la guerra a España, por considerarla responsable del hundimiento del acorazado *Maine* en el puerto de Santiago. La marina estadounidense derrota de manera humillante la flota española.

El Tratado de París obliga a España a conceder la independencia a Cuba y a ceder las Filipinas y Puerto Rico a EE.UU.

Esta derrota es un duro golpe para el país y las consecuencias serán tanto económicas como políticas. Pero donde más repercutirá el Desastre del 98 será en el ámbito cultural

e intelectual. Curiosamente, España acoge con bastante indiferencia la pérdida de las colonias. Sólo los miembros de la Generación del 98 sienten la necesidad de enfrentarse a este fracaso y a sus consecuencias nacionales. Los intelectuales muestran su pesimismo al ser conscientes de la situación real de España.

Joaquín Sorolla y Bastida, *Paseo a orillas del mar* (1909)

La Edad de Plata (1898-1936)

Denominada así en comparación con el Siglo de Oro, fue un período de gran esplendor para la cultura española. En esta época coincidieron y se desarrollaron las obras de varias generaciones de escritores, artistas e investigadores: las Generaciones del 98, del 14 y del 27.

A partir de 1898, los intelectuales adquirieron un evidente protagonismo al intervenir en los diferentes aspectos de la vida social y política del momento. Tendrán una actitud permanentemente crítica e independiente frente al poder de la sociedad.

Figuras como Unamuno, Valle-Inclán, Ortega y Gasset o Azaña fueron relevantes en el pensamiento de esta época. Sus principales temas de interés fueron los problemas nacionales y la apertura al exterior del país.

El "problema de España"

Ante el estado de apatía e indiferencia del país, durante el primer tercio del siglo XIX, los miembros de la Generación del 98 buscan los valores propios españoles. Para ello utilizan:

• la literatura: siguen los modelos de los autores clásicos como Cervantes, Berceo o Manrique.

• la historia: en ella buscan los valores de la patria y la raíz de los problemas presentes.

• el paisaje: ven a través del paisaje de Castilla el alma de España.

Así según Unamuno: *"Hay que buscar el sentido de la vida del español, lo que el pueblo necesita es tener un sentimiento y un ideal propios acerca de la vida y su valor".*

El Regeneracionismo

La decadencia del país ya se presentía desde años atrás, no se produce sólo en 1898. A finales del siglo XIX, los "regeneracionistas" como Joaquín Costa, pedían la reconstrucción interior de España a través de una reforma agraria eficaz. Y por otro lado, Giner de los Ríos en 1876, fundó La Institución Libre de Enseñanza en un intento de renovar la enseñanza en España. Opinaba que reformar el país a través de medidas políticas era absurdo si el pueblo seguía analfabeto.

No en vano el lema de este movimiento ideológico es "despensa y escuela".

Para ellos, la apertura del país a Europa, la europeización, era fundamental y sería la única solución al atraso reinante.

Un nuevo tipo de artista

'La Tertulia del Café Pombo' por José Gutiérrez Solana 1920

La figura del bohemio

Los bohemios dominan el panorama literario y artístico y forman parte del territorio de los cafés del Madrid "brillante y hambriento" que describía Valle-Inclán. Son jóvenes que sueñan con labrarse un nombre en el mundo cultural de la época, pero el poco trabajo que tienen como artistas o escritores sólo les permite malvivir y atraviesan penurias económicas y dificultades de toda índole. Son personajes marginales que la autoridad considera como agitadores, rebeldes y subversivos. Algunos ejemplos literarios con variado punto de vista sobre las vidas e ideales bohemios en Madrid son: *Adiós a la bohemia* (1911-1923) de Pío Baroja, *Troteras y danzaderas* (1913) de Ramón Pérez de Ayala y el célebre *Luces de Bohemia* (1920-1924) de Valle-Inclán.

Los cafés-tertulia

La Generación del 98 es la primera que dará la gran época de esplendor a las tertulias en los cafés. En estas tertulias espontáneas se discute de arte, literatura o política. Todos acuden allí para dar a conocer sus obras y pensamientos o para criticar la sociedad española. En estos cafés de los alrededores de la Puerta del Sol, en Madrid, podíamos encontrar a figuras consagradas, escritores olvidados y jóvenes promesas de la literatura. Es en el Café de Madrid –donde germinó la Generación del 98–, La Horchatería de Candela, el Café de Fornos y el Nuevo Café de Levante, donde en aquella época se dan las tertulias artísticas y literarias más importantes. Así, según Valle-Inclán, *"el Café de Levante ha ejercido más influencia en la literatura y en el arte contemporáneo que dos o tres universidades y academias"*.

Valle-Inclán

Un nuevo tipo de obra

La nivola: un nuevo género literario

Con este neologismo que aparece por primera vez como subtítulo de su obra *Niebla*, Unamuno expresará su rechazo hacia los principios de la novela realista de finales del XIX y supondrá un intento de renovar las técnicas narrativas.

Este nuevo género se caracteriza por el predominio de la idea sobre la forma, la escasa psicología de los personajes, la falta de ambientes y paisajes y una corta preparación y documentación.

Otros ejemplos de nivolas serán: *Abel Sánchez* (1917) o *La tía Tula* (1921).

Significados de "niebla"

La palabra "niebla" aparece varias veces a lo largo del libro en monólogos y diálogos refiriéndose a la confusión, la duda, el malestar, la "niebla espiritual" de la existencia que el protagonista tiene en su cabeza a lo largo de la obra.

También encontramos esa "niebla" como la definición de esas dudas existenciales que asaltan al protagonista cuando entra en la grave crisis tras el abandono de Eugenia.

Y entre los reproches que dirige a su creador, está el de querer dejarlo en la "niebla": *"No quiere usted dejarme ser yo, salir de la niebla, vivir, verme, oírme (...)".*

Y también la muerte es "niebla": *"Orfeo siente venir la niebla tenebrosa..."*

Personajes al encuentro de su autor

Se han señalado numerosas analogías entre la obra que nos ocupa y *Seis personajes en busca de autor* (1921) de Luigi Pirandello. Aunque *Niebla* (1914) había sido traducida al italiano y publicada en Italia el mismo año de la publicación de la obra de teatro del Premio Nobel de Literatura, el propio Unamuno no creía en posibles influencias mutuas sino más bien en una base cultural común.

Como en *Niebla*, los personajes de Pirandello saben de ser personajes creados por la mente del autor y son conscientes de que sus vidas están pendientes de una muerte casi anunciada, al antojo del escritor-Dios que les puede acabar de un plumazo.

Al igual que Augusto Pérez pone en duda la realidad de Unamuno y se rebela contra su creador, el personaje del Padre duda también de la realidad del Director.

Niebla, ¿un, texto adaptable?

Definitivamente, hay novelas inadaptables, y sería una insensatez tratar de llevar al cine obras como el *Ulises* de Joyce o *Rayuela* de Cortázar, cuyo valor no está en qué se cuenta –la historia–, sino en cómo se cuenta –el

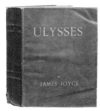

relato–. *Niebla* de Unamuno forma parte de estas obras.

En 1975, José Jara escribió y dirigió su ópera prima *Las cuatro novias de Augusto Pérez*, cuya trama presenta las tribulaciones del protagonista (interpretado por Fernando Fernán Gómez) en su intento de armonizar sus conflictivos afectos hacia su difunta madre, su criada Liduvina, su planchadora Rosario, y su gran amor, Eugenia. La película es una "versión libre de Niebla" – según rezan los títulos de crédito–que se centra exclusivamente en la historia, y en ningún momento hay mención explícita de que la vida

LAS CUATRO NOVIAS DE AUGUSTO PÉREZ

del protagonista sea una novela, ni se incluye a Unamuno en el reparto, ni tan siquiera Víctor Goti habla en ningún momento del sentido de la nivola.

¿Dos adaptaciones involuntarias?

En el momento de su estreno, la crítica española advirtió sorprendentes semejanzas entre *Stranger than Fiction*, dirigida por Marc Foster en 2006, y *Niebla*. Por ejemplo, una reseña publicada en el diario El País con el título "Unamuno en Hollywood", comentaba: *"Si el guionista Zach Helm ha leído Niebla sólo lo puede contestar él, pero lo cierto es que la escritura para su primer largometraje contiene no pocos paralelismos con el universo metaliterario del autor español, entre ellos la visita del personaje al hogar del autor para rogarle que no escriba el desenlace previsto para su historia de ficción que él cree real"*.

Pero es probablemente *The Truman Show*, realizada en 1998 por Peter Weir, la adaptación (¿voluntaria o no?) de *Niebla* más lograda. Como en la obra de Unamuno, el protagonista inconsciente de un reality show que ha retransmitido toda su vida desde el momento de su concepción confunde los límites de la realidad y la ficción hasta el punto de confrontarse al director del programa.

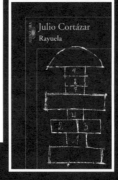

Pon en orden las letras en el interior de las palabras en **negrita** para comprender este resumen y análisis de la obra que acabas de leer:

Durante toda la obra se superponen dos planos: el de la **edaalrid (a)** y el de la **cófinci (b)**.

La **addu (c)** está constantemente presente. El mismo título indica falta de claridad.

Por un lado hay la historia de Augusto Pérez, con un argumento de lo más banal: un **ágrilontu (d)** amoroso formado por el protagonista, Eugenia, su amada, y el **anemat (e)** de ella y burlador de Augusto, Mauricio –al que podemos añadir un cuarto personaje, Rosario la planchadora.

El enamoramiento llena a Augusto de dudas e incertidumbres, pues cree **monaeerras (f)** de cada mujer que contempla. En realidad, Augusto no se ha enamorado de una mujer en concreto, sino de un **iadle (g)** abstracto de mujer; en cierto modo, se ha enamorado del amor.

Muy interesantes son también las divagaciones de los personajes sobre la construcción de ese nuevo **énegro (h)** que es la nivola, término que se atribuye a Víctor Goti, quien además de ser un personaje de la obra es el que escribe el **gprlóoo (i)**.

Los personajes, y sobre todo Augusto Pérez, se cuestionan constantemente si sus vidas están regidas por el **raza (j)** o si todo se desarrolla según un plan preconcebido.

Augusto llegará a dudar incluso de su propia **excitaseni (k)**, a pensar que puede tratarse del **esoñu (l)** de un dios o que es un ente de ficción.

En el momento en que Augusto decide **erudciiass (m)** asistimos a la escena más intensa e inesperada de Niebla: el **nnrcueeto (n)** entre personaje y autor.

Durante su entrevista, Unamuno confiesa a Augusto que no es más que el producto de sus **tíansfasa (ñ)**, un ente de ficción, que carece de libertad.

Ante este **bstcunrimiedeo (o)** el personaje de nivola se rebela y acaba planteando a su **dcroare (p)** la posibilidad de que el que no existe en realidad sea el propio Unamuno.

Para **ragitsac (q)** al personaje por haber osado rebelarse contra su creador, Unamuno le anuncia que próximamente se producirá su **emerut (r)**.

PROGRAMA DE ESTUDIOS

La descripción física
El carácter
La familia, los amigos, las relaciones
Los sentimientos: el amor, el odio, los celos

Gramática
El presente de indicativo.
El presente narrativo
Los tiempos del pasado (pretérito perfecto, indefinido e imperfecto)
El futuro imperfecto
El condicional
El imperativo
El presente de subjuntivo
El imperfecto de subjuntivo
Las formas impersonales del verbo (infinitivo, gerundio y participio)
La voz pasiva
Sintaxis de la frase simple y compleja
Los conectores del discurso (conjunciones)

Comunicación
Describir a personas
Hablar de sentimientos y estados de ánimo
Narrar algo que ha sucedido
Hacer sugerencias
Expresiones idiomáticas